KB074420

다섯 학교 '환경 교육 프로젝트'가 가져온
마을과 학교, 아이들과 교사의 변화를 기록하다

학교, 생명을 노래하다

학교, 생명을 노래하다

2015년 5월 8일 처음 펴냄

기획 교보교육재단
엮은이 학교환경교육지원사업단
글쓴이 김선미, 이재영, 이선경, 남영숙, 정준석, 장소영, 김승규, 서민수, 김강석, 송헌석
펴낸이 신명철
편집장 장미희
편집 나익수, 장원, 박세중
디자인 최희윤
펴낸곳 (주)우리교육
등록 제 313-2001-52호
주소 (121-841) 서울특별시 마포구 월드컵북로 43
전화 02-3142-6770
팩스 02-3142-6772
홈페이지 www.uriedu.co.kr
인쇄 천일문화사

ⓒ 교보교육재단, 김선미 2015
ISBN 978-89-8040-955-6 03370

*이 책의 내용을 쓰고자 할 때는 저작권자와 출판사의 서면 허락을 받아야 합니다.
*잘못된 책은 구입하신 서점에서 바꾸어 드립니다.
*책값은 뒤표지에 있습니다.

이 도서의 국립중앙도서관 출판예정도서목록(CIP)은
서지정보유통지원시스템 홈페이지(http://seoji.nl.go.kr)와
국가자료공동목록시스템(http://www.nl.go.kr/kolisnet)에서 이용하실 수 있습니다
(CIP제어번호 : CIP2015012660)

다섯 학교 '환경 교육 프로젝트'가 가져온
마을과 학교, 아이들과 교사의 변화를 기록하다

학교, 생명을 노래하다

학교환경교육지원사업단 엮음

우리교육

글쓴이의 말
학교, 생명의 나무를 심다

김선미

나는 어느 낯선 지방을 여행한 적이 있었어. 그곳은 해발 1300 미터쯤 되는 높은 지대였는데, 그야말로 완전한 황무지였어. 나는 그런 길을 사흘간이나 계속 걸었지. 목이 말라서 견딜 수가 없었지만, 어디에서도 물을 찾을 수가 없었어.

그런데 갑자기 저 멀리에 뭔가 언뜻 보이는 게 아니겠니? 나는 '나무인가?' 생각하고는 그곳을 향하여 걸어갔어.

장 지오노의 《나무를 심은 사람》은 이렇게 이야기를 시작했다. 마른 모래바람 속에서 뿌옇게 보이던 것은 나무가 아니라 도토리를 심고 있던 양치기였다.

학교도 높이 오를수록 더 척박해지는 황무지라고 느끼는 사람들이 많다. 하지만 민둥산이라고 해서 함부로 굴삭기로 밀어 버리고 아파트와 공장을 지을 수는 없다. 헐벗은 산이라도 기대고 살아야 하는 생명이 있기에, 누군가는 늙은 양치기처럼 묵묵히 도토리를 심어 숲을 가꾸어야 한다. 교육은 도토리가 울창한 참나무 숲으로 자라기까지 오랜 기다림이다.

지난 2011년 교보교육재단의 학교환경교육지원사업은 '지속 가능한 사회를 향한 새로운 학교 환경 교육 모델'이라는 첫 나무를 심었다. 2014년까지 총 19개 학교가 학교 환경 교육 프로그램에 참여했고 이 중 다섯 학교가 2014년 2월로 첫 번째 프로그램을 마무리했다. 한 학교당 3년에 걸쳐 진행된 지원 사업은 모두 끝이 났지만 상주 백원초등학교, 울산 청솔초등학교, 서울 삼정중학교와 화원중학교 그리고 성남 숭신여고 등 다섯 곳에 뿌리내린 어린 나무들은 아직 남아 있다. 자식이 태어난 지 3년은 되어야 비로소 젖먹이를 부모 품에서 떼어 놓을 수 있다는데, '생명의 학교'라는 새로운 종의 묘목들은 뿌리내린 지 4년의 시간이 지났다. 그 나무는 잘 자라고 있을까.《학교, 생명을 노래하다》는 그 첫 나무와 나무를 심은 사람들의 뒷이야기다.

식목일이면 공공 기관이나 기업에서 벌이는 나무 심기 행사나 무료로 묘목 나누어 주기 같은 전시용 행사들이 많이 열린다. 과연 그중에 튼튼하게 뿌리내려 꽃을 피우고 열매까지 맺은 나무는 얼마나 될까. 그 나무가 바람에 흔들리지 않고 더불어 숲을 이룰 때까지 지속적으로 보살핀 사람들은 또 얼마나 있을까. 그동안 교육 현장에도 수많은 환경 교육 시범 학교들이 있어 왔다. 그렇지만 기존의 환경 교육이 식목일 하루 떠들썩한 전시용 행사처럼 끝이 난 경우가 많았기에 산은 여전히 헐벗고 있는 게 아닐까. 학교 환

경 교육 지원 사업은 이런 반성에서 출발했다. 그래서 새로운 설계
자들은 "학교를 중심으로 지역 사회의 환경 교육 네트워크를 구축
하는 실천적인 프로그램을 만들고, 기반 형성과 프로그램 적용, 정
리와 확산 등의 시간으로 3년간 지속적으로 지원하며, 전문가 그
룹을 통해 학교별 멘토링 시스템을 만들어 프로그램 추진 과정 자
체가 학습 공동체를 형성하도록 하는 데 중점"*을 두어 이를 극복
하고자 했다.

모든 생명은 자기 안에 저마다 다른 생체 시계를 가지고 있다. 같
은 묘목을 동시에 심었다고 해도 토양과 햇살과 바람 그리고 돌보는
이에 따라 자라는 속도는 제각각이다. 처음 나무를 심은 사람은 백
원초등학교 정준석, 삼정중학교 과학 교사 김승규, 화원중학교 영양
교사 서민수 그리고 울산ESD연구회의 청솔초등학교 장소영, 환경
수업연구모임의 숭신여중 환경 교사 김강석 씨 등 다섯 명이다.

프로방스의 황무지에서 매일 산을 오르며 도토리를 심어 숲을
가꾼 '나무를 심은 사람'은 혼자였다. 그 노인을 본 작가는 울창한
숲이 "오직 한 사람의 영혼과 손에서 나온 것이라니, 인간이란 파
괴가 아닌 다른 분야에서 하느님처럼 유능할 수 있다"는 생각이
들었다고 했다.

하지만 《학교, 생명을 노래하다》가 만난 다섯 명의 교사들은 하
나같이 자신은 절대 혼자가 아니었다고 했다. 어린 나무 한 그루가

★ 이재영, 〈새로운 학교 환경 교육 모델의 설계〉 학교환경교육학회 논문집, 2014.

온전히 뿌리내리기까지 동료 교사와 학부모, 지역 사회 그리고 무엇보다 초등학생부터 고등학생까지 수많은 아이들이 함께했고, 학교 밖에는 이들을 지원하는 든든한 멘토들이 있었다고.

이들을 처음 만났을 때 나는 학교 환경 교육이라는 낯선 숲으로 들어간 의심 많은 어미 새였다. 꽁지에 시치미처럼 학부모라는 꼬리표가 달려 있던 새는 솔직히 시큰둥한 마음이었다. 초등학교 병설 유치원부터 일반계 고등학교까지 오롯이 공교육이라는 둥지 안에서 두 아이를 12년 넘게 키우는 동안, 학교에 대해 크게 기대하는 바가 없었기 때문이다.

그래서 '생명의 학교'라는 원대한 꿈을 꾸는 사람들에게 이렇게 물었다.

"선생님 자신은 지난 3년 동안 무엇이 변했나요?"

초등학교에서 아이들과 함께 논농사부터 과수원 배 농사와 목공 교실까지 삶이 곧 배움이 되는 즐거움으로 폐교 위기의 학교를 되살린 교사부터 유네스코지속가능발전교육 공식 프로그램이 된 ESD 창의인성교실을 개발한 도시의 교사까지, 중학교에서는 학교 급식을 획기적으로 바꾼 친환경 먹을거리 교육을 동료 교사 연구회로 확산시킨 영양 교사, 통합 교과 교육의 힘으로 학생 자치를 꽃피운 학생부 교사, 그리고 환경 프로젝트 수업 결과물로 대학 입시와 진로 지도까지 성공적으로 이끈 고등학교 환경 교사까지. 이렇게 겉으로 드러난 화려한 성과들을 들여다볼수록 학교나 수업의 변화보다 먼저, 처음 나무를 심은 사람의 마음이 궁금했기 때문이다.

우왕좌왕 흔들리는 교사들을 격려하며 도왔던 공주대학교 이재영, 청주교육대학교 이선경, 한국교원대학교 남영숙 교수 등의 멘토단에게도 물었다.

"현장의 교사들로부터 멘토 자신은 무엇을 배웠나요?"

멘토링 시스템에 참여한 교수들은 새로운 환경 교육의 모델을 처음 설계한 유능한 연구자들이지만, 생명의 나무는 정해진 설계도대로만 자라지 않는다. 그런 불확실성 때문에 오히려 새로운 도전과 실험 속에서도 배움이 계속되지 않을까.

나무를 심은 사람들은 모두 입을 맞춘 것처럼 답했다. 3년이란 시간 동안 가장 큰 변화는 자기 자신에게 있었다고. 나무가 자라는 동안 교사도 함께 성장할 수 있었던 것을 진심으로 고마워했다. 묘목을 나눠 주고 나무 가꾸기를 지도한 전문가 그룹도 비슷했다. 오히려 현장으로부터 새로 배웠다고 했다. 학교에서 직접 만난 학생들은 반짝반짝 빛나는 모습만으로도 많은 걸 말해 주고 있었다. 생명의 학교라는 숲을 가꾸는 데 학생과 교사 그리고 멘토 사이에 가르치고 배우는 사람의 경계가 따로 정해져 있지 않았다.

지난해 가을부터 겨울까지 시골 초등학교에서 대도시의 고등학교까지 서로 다른 시간과 공간 속으로 짧은 여행을 하면서, 자기 속도대로 성장하고 있는 나무들을 만났다. 지금 그 나무에는 새로 봄물이 오르고 있을 것이다. 돌아보니 거창한 성과보다 어린 나무 곁에서 빛나던 작고 사소한 이야기들이 오래 기억에 남는다. 결혼식을 코앞에 둔 여교사의 섬섬옥수가 아이들과 함께한 들놀이 때문에 손끝이 까맣게 물들었는데도 "우리 학교 선생님들은 다 이래요." 하며 활짝 웃던 사람, 자신이 바뀌고서야 모든 게 변했다며 부족했던 지난날을 떠올리던 촉촉한 눈동자, 알레르기가 있는 학생 몇몇을 소외시키지 않으려고 매 끼니 다른 재료로 비슷한 반찬을 따로 준비한다는 따뜻한 밥상, 친구를 빛나게 해 주려고 함께 춤을 추던 아이들의 노래, 지구를 위해 한 시간만 불을 꺼 달라며 광장에 떼로 몰려나온 여고생들의 경쾌한 몸짓…….

이제 새 학기를 맞아 전근을 가는 선생님과 상급 학교로 진학한 학생들이 차례로 그 나무 곁을 떠났을 것이다. 하지만 그들 모두 저마다 가슴속에 도토리 한 알씩 품지 않았을까. 여기 부족한 글에 다 담지 못한 이야기들은 수많은 참나무 씨앗 속에 남아 있다. 함께 배우고 성장한 교사와 아이들이, 늙은 양치기가 그랬듯 누군가는 다시 도토리를 심지 않을까.

희망을 보여 준 선생님들과 멘토 그리고 스스로 온전히 희망인 아이들에게 감사드린다.

생명의 학교를 위한 설계

이재영

책상을 만드는 모든 장인의 머릿속에는 설계도가 있을까? 설계도가 없다고 착수를 못 하는 것도 아니고, 정작 나무를 자르고 붙이다 보면 설계도는 수정되기 마련이다. 일단 시작하는 것이 중요하다. 하지만 훌륭한 목수는 좋은 설계도를 가지고 시작할 것이며, 만드는 과정에서 언제나 필요하다면 주저하지 않고 설계도를 변경할 것이다. 2011년 교보교육재단에서 새로운 학교 환경 교육 모델을 만들기 위한 실험을 시작할 때도 우리에게는 설계도가 있었다. 지금부터 그 설계도에 대해 설명하려고 한다.

세 가지 학습 모델

사람들은 어떻게 해서 무언가를 배우게 될까? 새로운 학교 환경 교육 사업은 어떤 학습 이론을 바탕으로 해야 할까? 이 질문은 결으로 잘 드러나지 않지만, 교육 관련 활동의 실천 방향과 전략을 좌우한다는 점에서 결정적이다. 사람들이 뭔가를 배우게 되는 과정에 대한 이론을 학습 이론이라고 할 수 있고, 각각의 이론들은 저마다의 학습 모델을 갖고 있다.

이미 제시된 학습 모델들이 많이 있는데, 거칠지만 대략 세 가지 정도로 나누어 볼 수 있다. 첫 번째가 교회(행동주의) 모델, 두 번째가 암자(인지주의) 모델, 세 번째가 파티(구성주의) 모델이다.

교회 모델에서는 절대적이고 객관적인 진리가 이미 존재하고, 학생은 신자이며 교사는 사제나 목회자로 간주된다. 교사는 교육 과정과 교과서라는 이름으로 불리는 진리의, 생명의, 빛의 말씀을 전달하고, 학습자는 그걸 (의심 없이) 받아들이고 내면화하고 변화되는 존재이다. 관성의 법칙에 바탕을 둔 이 모델에서 변화의 주체는 학습자의 외부에 있다. 교사는 국가나 교육 과정이라고 불리는 권위로부터 위임받은 가르침을 행하는 것이다.

이와 달리 암자 모델에서 공부는 혼자 하는 것이다. 고시를 준비하는 사람들은 흔히 공부한다고 하면서 '아무도 없는' 절에 들어간다. 그들은 많은 정보나 지식들이 학습자에게 전달됐다고 해서 자동으로 혹은 작용-반작용의 결과로 지식이 쌓이고 학습이 일어난다고 믿지 않는다. 행동주의 모델에서 생각하는 것처럼, 교사의 입에서 나온 메시지나 정보가 학생의 귀에 들어가서 머릿속에 쌓일 것 같은 모델은 착각이라고 본다. 인지주의자는 학습이라는 걸 이렇게 정의한다. 이미 학습자가 어떤 인지(지식) 체계를 갖고 있고 그 지식 체계가 일련의 과정을 통해 더 고도화되고 정교해지고 복잡해지는 것, 복잡하면서도 체계를 갖추고 정교해지는 것이라고 생각한다. 그 과정을 수행할 주체는 학생이다. 그래서 말을 물가에 데려갈 수는 있지만 물을 먹일 수는 없다고 생각한다. 인지주의자들이 생각하는 효과적인 학습 전략은 'EBS 공부의 왕도'라는 프로그램을 보면 잔뜩 열거되어 있다. 하지만 그들이 말하는 지식의 체계란 거의 대부분 말과 글의 세계, 기호의 세계, 상징의 세계이다.

끝으로 파티(구성주의) 모델에서 중요하게 생각하는 건, 지식이 학습자에게 주어지기만 하는 것이거나 또는 주어진 걸 체계화하고 재구성하면 되는 정보 블록이 아니라, 학습자가 스스로 만들어 내야 하는 것이라고 본다. 지식이란 그 지식이 생산되고 유통되고 소비되는 사회적 맥락과 무관할 수 없다. 지식에는 항상 어떤 진술이 참임을 정당화하는 과정(일종의 합의)과 그 진술의 참됨을 믿는 과정이 동시에 포함되어 있다. 학습자들이 지식을 구성하는 과정에서 중요하게 작동하는 에너지는 의미이며, 우리의 사유 과정이 그렇듯이, 의미는 불가피하게 언어를 통해 생성된다. 언어가 없다면 생각할 수 없고, 생각할 수 없다면 의미가 만들어지는 것은 거의 불가능하다. 결국 학습이란 학습 공동체 구성원들 사이의 대화를 통한 의미의 생성이고, 사회적 산물인 그 의미의 체계를 함께 구축해 가는 것이라고 정의할 수 있다. 따라서 학습의 과정에서 중요한 건 대화, 즉 상호 작용이다. 구성주의자들에게는 학생들이 자리를 바꿔 가면서 시끄럽게 떠들고 웃고 울고 발견하고 감동하는 그 잔치 마당이 최선의 교실이다. 우리는 생명의 학교를 위한 설계도의 바탕으로 파티 모델을 선택했다.

프로그램 대 프로젝트

파티 모델을 학교 현장에서 실현하기 위한 전략으로 우리는 프로젝트 접근법을 강조했다. 프로젝트 접근법은 문제 기반 학습이나 상황 기반 학습 등과 함께 대표적인 구성주의 교수 학습법이라고 할 수 있다. 우리는 흔히 교육 활동에서 프로그램과 프로젝트라는 말을 섞어서 사용한다. 프로그램이 더 체계적이고 지속적인 활동의 계획이라면, 프로젝트는 뭔가 특별하고 일회적인 활동의 계획이라는 느낌이 든다. 그런데 학습을 대하는 관점이라는 측면에서 보면 프로그램과 프로젝트는 서로 보완되면서도 매우 상반된 성격을 띠고 있다. 프로그램program이나 프로젝트project 모두 시간적으로 미래에, 공간적으로 앞이라는 의미를 띠는 접두사를 공통으로 갖고 있어서 서로 가까운 말이지만, 뒷말 때문에 아주 멀어지게 된다.

프로그램의 뒤에 붙은 gram은 '쓰다, 새기다'라는 의미를 갖고 있다. 앞으로 벌어질 일들을 미리 새겨 놓은 것이라고 해석할 수 있다. 그중에서도 모래나 물처럼 유연한 곳이 아니라 돌이나 금속과 같이 단단한 데에 새기는 것을 말한다. 그러니까 거기에 새겨진 것이 약속이나 명령이라면 꼭 지켜야 하고, 행사의 일정이라면 한 치의 오차 없이 진행되어야 한다. 텔레비전이나 라디오의 프로그램을 보면 1초의 오차도 없이 진행된다. 9시 뉴스가 시작되고 5초만 침묵이 흘러도 '방송 사고'라고 법석을 떤다. 새긴다는 것은 '홈을 판다'는 뜻이다. 프랑스 철학자 들뢰즈의 표현을 빌리자면, 이 세계의 '홈 파인 공간'들이 바로 프로그램이다. 하천 유역을 떠올려 보자. 유역이라는 평면 위에 홈(계곡)이 파이면 어떤 일이 벌어지는가? 그 주변에 떨어진 빗방울들은 영락없이 그 홈으로 모여들어 홈을 따라 떠내려간다. 같은 유역에 떨어진 빗방울들은 모두 같은 경로를 거쳐 바다로 간다. 도시는 대표적인 홈 파인 공간이다.

자, 이제 프로그램 앞에 교육을 붙여 보자. 교육 프로그램이란 학생들에게 제공될 경험을 특정한 방식으로 계열화해서 배움의 경로를 잡는 것이다. 좋은 프로그램이라면 그 홈이 깊고 넓어서 근처에 머무는 학생들은 모두 그 홈으로 빨려 들어가게 할 수 있어야 한다. 교사들은 흔히 이 과정을 동기 유발이라고 부른다. 한번 빠져든 아이들은 절대 벗어나지 못하고 떠내려가서 교사가 처음부터 설정해 놓은 목적지(학습 목표)에 도달해야 한다. 얼마나 많은 아이들이 이탈하거나 나뭇가지에 걸리지 않고 그 목적지에 다다랐는가를 재는 것이 평가이다. 어떤 목적지를 향해 어떤 경로를 통해서 갈 것인지 학생들에게는 물어보지도 않고, 학생들은 알 필요도 없다. 다만 아이들은 낙엽이나 모래알처럼 수동적인 존재가 아니기 때문에, 개구리처럼 그 홈을 뛰쳐나가려고 시도하는 경우가 나타난다. 이때 학교는 그런 아이들을 모아서 병원과 힘을 모아 '과잉 행동 집중력 장애'라는 딱지를 붙이고 신경 정신과 약을 처방한다. 그러니까 교육 '프로그램'이란 교사 중심, 교육 내용 중심, 결과 중심의 접근이 되기 쉽다.

그에 비해 프로젝트의 ject는 '던지다, 쏘다, 투사하다'와 같은 의미를 갖고 있다. 예를 들어, 사람의 몸 안에 뭔가를 쏘아 넣는 것 injection이 주사이다. 프로젝트는 앞으로 던져진, 배치된, 투사된 것이라는 의미를 갖는다. 아이들이 가지고 노는 물총을 생각해 보자. 물총 안에 들어 있는 물은, 교실에 갇힌 아이들처럼 얌전하게 머물러 있다. 그러나 물총에서 물이 발사되면 그 물방울들이 사방으로 퍼지면서 어디로 튈지 예측하기 어렵다. 프로젝트란 이렇게 학생들의 몸과 생각이 갇히지 않고 자유롭게 확산되고 펼쳐지면서 배운다는 의미를 담으려고 한다. 그렇게 무한 시공간에 던져진 아이들은 마치 초원에 남겨진 여행자처럼 처음에는 당황스럽고 혼란스러운 느낌을 피할 수 없다. 초원 어디에도 목표점이 될 만한 랜드 마크도 없고 이정표도 없고 길도 보이지 않는다. 어떻게 갈 것인지를 묻기 전에, 어디로 갈 것인지조차 알 수가 없다. 초원에 남겨진 여행자는 모닥불을 피우고 자신의 마음을 들여다보면서 목적지를 정하고 바람과 별빛과 풀들의 누운 결을 보면서 방향을 찾아야 한다. 결코 쉽지 않은 일이다.

노련한 어부는 망망한 바다에서도 길을 찾는다. 신참의 눈에는 그저 파도치는 바다일 뿐이겠지만, 선장은 물빛의 변화에서, 별자리의 움직임에서, 바람과 해류의 흐름에서, 그리고 우연인 듯 지나가는 물새들에게서 지도의 기호들을 찾아낸다. 그리하여 기표 하나 없는 바다 위에서 길을 찾고 두려움 없이 헤쳐 간다. 다시 들뢰즈의 표현을 빌리자면, 이 세계의 '홈 파인 공간'에 갇히지 않으면서 동시에 '매끄러운 유목의 공간'들에 새로운 홈을 만들어 내는 과정이 바로 프로젝트이다.

지금까지 홈 파인 프로그램의 공간은 나쁜 것이고, 매끄러운 프로젝트의 공간은 좋은 것이라고 대조하는 듯이 말했지만 그런 이분법적인 구분이 결정적이거나 고정적인 것은 아니다. 서산 대사의 선시禪詩 〈눈길을 걸을 때〉를 보면 "눈길을 걸을 때 함부로 걷지 마라. 오늘 내가 남긴 발자국이 마침내 뒷사람의 길이 되리니"라고 경고한다. 오늘 나의 프로젝트가 내일 누군가의 프로그램이 될 수 있다. 정해진 길을 벗어날 수 없는 것도 괴로움이지만 아무리 찾아도 길이 보이지 않는 것도 그 못지않은 괴로움이다. 평면이 좁아지면 그 자체가 홈이 되고, 그 홈이 넓어지면 그 자체가 평면이 될 수도 있다. 프로그램과 프로젝트는 때로 상보적이다.

씨앗의 꿈

교보교육재단이 벌이고 있는 새로운 학교환경교육지원사업이 목표한 대로 지속 가능한 학교와 지역 사회를 만들어 가기 위한 돌파구를 만들고, 그 중심에 환경 교육 모델 학교들이 자리 잡게 될까? 이 책은 그런 도전과 실험의 과정에 참여했던 사람들이 경험한 흥미롭고 감동적이고 때로는 명쾌하게 설명되지 않은 많은 사건과 이야기들을 기록하고 있다. 지금까지 나타난 결과들을 근거로 판단할 때 우리의 도전과 실험이 맞이할 미래는 낙관적이지도 비관적이지도 않다. 학교를 둘러싸고 무척이나 다양한 힘들이 작동하고 있으며, 그 힘들은 제각기 다른 방향으로 학교를 밀고 가려고 애쓰고, 때로는 마주하는 힘들이 부딪쳐 꼼짝달싹하지 못하는 것이 학교라는 것을 잘 알고 있기 때문이다.

다만 환경 교육의 측면에서 다음과 같이 그 의미와 희망을 담아 볼 수 있다고 생각한다. 1970년대 초반 환경 교육이 소개되고 도입된 이래 환경 교육은 언제나 환경 문제를 해결하기 위한 수단으로 그 존재 가치가 규정되었다. 그 이면에는 과거부터 지금까지 '우리'의 선택과 행동이 심각한 환경 문제를 초래한 원인을 제공했다는 죄책감이 깔려 있다. 그래서 학생들은 환경 교육의 마당에 발을 딛는 순간부터 죄책감을 피할 수 없게 되고, 환경 문제를 해결하는 데 도움이 된다고 알려진 행동의 목록을 받아 들고 내면화하여 이를 일상 속에서 실천하도록 훈육되었다. 이것은 유대교 율법주의의 환경 교육 버전과 다름없다. 그렇게 짜인 환경 교육 프로그램 속에서 아이들은 자기 삶의 주체가 아니라 늘 죄책감 속에서 스스로를 타자화 하면서 누군가의 시선을 의식하고 자기의 행동을 규율하도록 지도되었다. 유대교 전통에서 신성의 결핍이 죄이듯이, 환경 교육에서는 실천의 결여가 바로 죄인 셈이다.

뿐만 아니라 환경 교육도 교육이라는 이름을 달고 있는 한 '무지의 죄'로부터도 자유로울 수 없다. 최소한 대한민국에서 자란 사람이라면 누구나 공부를 못하는 것이 죄라는 것을 뼈저리게 느끼고 있을 것이다. 누굴 죽인 것도, 때린 것도, 속인 것도 아니고 남의 물건을 훔치거나 부순 것도 아닌데 그들은 죄인이 된다. 성적표를 받아 든 아이가 고개를 가슴까지 숙인 채 교사와 부모라는 권위 앞에 초라하게 서 있는 모습을 쉽게 상상할 수 있다. 우리 자신이 바로 얼마 전까지 그런 아이였으니까. 그들이 죄지은 자인가? 그렇다면 학교는 죄의 법정이고 교사는 재판관이자 처벌의 집행관인가? 공부 못하는 아이들에게 교실은 일상적으로 법정 아니면 감옥이다. 지식은 이제 아이들의 삶을 위한 수단이 아니라 삶을 잡아먹는 괴물이 되었다.

결국 한국의 환경 교육 현장에서는 '실천의 결여'라는 죄와 '지식의 결여'라는 죄가 동시에 아이들의 온몸을 내리누르고 있으며 그들이 면죄받을 수 있는 길은 환경 문제와 관련된 백과사전적 지식들을 기억하고 주어진 행동 목록을 내면화하여 의심 없이 실천하는 것뿐이다.

그러나 아이들은 죄인이 아니다. 교보교육재단의 실험과 도전은 환경 교육의 저변에 깔려 있는 죄책감을 걷어 버리고, 행복한 삶의 뿌리에 대한 성찰을 바탕으로 지속 가능한 삶의 다양한 양식을 설계하고 그런 삶이 실현될 수 있는 사회를 만들기 위해 다른 사람들과 함께 대화하고 참여할 수 있는 그런 주체를 형성하는 것을 목표로 한다. 우리 아이들이 그런 주체로 자라나도록 돕고자 한다. 우리가 걱정하는 것은 파편적 앎과 맹목적 실천의 결여가 아니라, 성찰과 창작과 대화의 결여이다.

이제 새로운 환경 교육 모델의 씨앗들이 뿌려졌다. 땅에 떨어진 씨앗이 뿌리를 잘 내리고 있는지 궁금해하는 것은 당연하다. 그러나 너무 일찍 들춰 보고는 실망하는 것은 성급하고, 너무 자주 뿌리를 들춰 보다가 여린 씨앗의 생장점을 부러뜨리는 것은 어리석은 일이다. 지금 우리의 몫은 씨앗에게 필요한 것이 무엇인지 잘 살피고, 정성을 다해 제때에 필요한 물과 햇빛과 거름을 주고 씨앗을 응원하는 것이리라. 생명은 기계가 아니며, 생명의 미래는 결정되어 있지 않고 예측하기 어렵다. 생명의 질서가 이미 정해져 있다는 기계론도, 생명이 자기 밖의 무언가를 위해 존재한다는 목적론도 받아들이기 어렵다. 우리 자신과 우리의 아이들도 그러하다. 따라서 새로운 학교 환경 교육 모델을 만들려는 우리의 실험은 반생명주의를 거부하는 도전으로서의 운동이다.

기차는
떠나도
아이들이
돌아왔다

백원초등학교 환경 교육 프로젝트

아이들 손으로 만든 학교라는 그림책

필요한 것을 스스로 만든다

아이와 교사가 함께 자라는 학교 논

배꽃 냄새를 아시나요

떠나는 선생님 돌아오는 선생님

학교는 생태 놀이터

체험 학습 중심의 환경 교육으로 교육 과정을 재구성한 상주 백원초등학교 이야기.

배 농사. 논농사. 생태 놀이. 목공 등의 활동이 모든 교과와 연결되도록 교사들이 교육 과정을 재구성하여. 수업이 '분절'되지 않고 연결되는 하나의 흐름이 생긴 경험을 얻었다.

　지도에서 백원역이라는 기차역을 보고는 차창 밖으로 뒷걸음질 치는 가을 들판을 상상하며 설레었다. 고속 도로 대신 멀리 돌아가더라도 일부러 느리게 가는 기찻길을 택하고 싶었다. 배우고 가르치는 길도 본래 그렇지 않을까. 그러나 이내 열차가 백원역에 서지 않고 통과한다는 것을 알게 되었다.

　하루 네 번 김천과 영주 사이를 왕복 운행하는 '경북선' 열차가 백원역에 서지 않고 통과한 것은 지난 2008년 12월부터다. 1924년부터 마을에 기차가 지나가기 시작했고, 1949년 외서초등학교 백원분교장으로 문을 연 학교가 백원국민학교로 독립한 것이 1953년 4월이었으니, 학교보다 먼저 기차가 마을로 찾아왔다. 그런데 지금은 전교생이 입학하기 전부터 기차는 이미 학교 앞 기차역을 지나쳐 가 버린 것이다.

　1929년 12월 4일 자 〈동아일보〉는 백원역이 정거장으로 승격된 것을 알리며 "부근 인민들"이 역 주변에 시장을 만들기 위해 노력하고 있어 "쓸쓸하든 촌락도 장차 도시의 기풍이 나타나리라더라." 하고 전했다. 기차역에 이어 시장까지 생길 만큼 한적한 시골 마을에 활기가 돈 것은 탄광의 힘이었다. 백원역에 세운 저탄장을 통해 인근 은척면 하홀리에서 캐낸 양질의 무연탄이 전국의 화력 발전소와 연탄 공장으로 실려 나갔기 때문이다. 은척에 있던 '태맥탄광'은 인근 문경의 이름난 탄광들이 모두 문을 닫은 뒤에도 지난 2005년까지 명맥을 유지했던 영남 지역의 마지막 무연탄 산지였다. 지금은 문이 굳게 닫힌 백원역도 한때 무연탄 화물수송 업무로 역무원이 6명까지 근무했다. 그들의 자녀 몇 명이나 백원초등학교에 다녔을까. 백원역에서 한 번도 기차를 타고 내려 보지 않은 사람이라도 지난 세월 이 역에서 실어 나른 무연탄으로 만든 전기와 연탄불의 혜택과 무관하게 살았다고 장담할 수는 없을 것이다.

백원역은 경상북도 상주시 사벌면 원흥리에 속해 있지만, 길 건너 마주 보이는 백원초등학교는 외서면 관동리에 있다. 사벌면과 외서면 경계의 사람들은 행정 구역과 상관없이 오래전부터 사는 곳을 백원 마을이라 불렀다. 관동이 조선 시대 마소를 부리던 관가가 있어서 불린 이름이고, 백원白元의 원 또한 과거 교통의 요지에 자리 잡은 원院과 같은 소리인 것만 보아도 마을의 연원은 철길보다 오래되었으리라 짐작한다.

사벌면은 삼한 시대 사벌국이라는 고대 국가가 세워진 곳으로 백제와 신라가 모두 탐을 내던 낙동강변의 풍요로운 들녘이다. 사벌국은 신라에 귀속된 다음에도 신라 영토를 상하上下로 나누어 통치할 때 상주上州가 되었고, 나중에 상주尙州로 바뀌었다. 상주는 또한 경주와 함께 '경상'도라는 이름의 한 글자를 차지할 만큼 역사 무대의 주역이었다. 경상도라는 이름이 만들어진 것이 1314년 고려 충숙왕 때부터이고, 조선 시대 때 상주에 경상 감영이 있던 기간만 201년에 이른다.

그런데 상주 시청 홈페이지에는 "1945년 이후 우리 지역은 정치·경제·군사 등의 중심지에서 물러나게 되었다. 이것은 산업화 및 새로운 교통수단인 철도망이 우리 지역을 비켜 가게 되었고, 낙동강을 이용한 수운水運 역시 그 역할을 철도에 넘겨주었으며, 상공업 발달에 따른 농업 지역으로서 남게 된 것이 낙후의 요인이었다."고 소개한다. 여기서 말하는 교통수단은 서울로 곧장 연결되는 경부선 철도망을 말한다. 스스로 지역이 낙후되었다 표현한 것은 과거 역사의 중심에서 변방으로 밀려났다는 데 대한 아쉬움 때문일까.

백원 마을은 동쪽으로 경북선 철로와 서쪽으로 국도 3호선의 경상대로가 남북으로 길게 마을을 나누어 놓은 사이에 자리 잡고 있다. 철로와 국도 모두 곧장 서울로 통하지 않고 에둘러 가는 느린 길이 되어 버렸다. 그중 가장 느린 기차가 제일 먼저 마을을 떠났다. 마지막 기차가 떠나고 백원역이 문을 닫은 2008년 당시, 백원초등학교 역시 4개 학급에 전교생 20여 명으로 폐교 대상이었다. 그런데 2014년 현재 6개 학급 79명에 유치원생 17명까지 100여 명 가깝게 학생이 늘었고, 전학을 위해 상주 시내에서 일부러 근처로 이주하는 가족마저 늘었다. 외서면에서만 외서초등학교 우서분교와 배영분교가 이미 폐교되었고, 본교마저 4학급 31명으로 겨우 명맥을 유지하는 것과 비교해도 놀라운 변화가 아닐 수 없다.

마을을 떠난 기차는 무궁화호다. 지금은 완행열차로 불리지만 과거에는 비둘기호와 통일호보다 빠른 특급 열차였다. 우리가 좇는 최고 속도는 그렇게 허망한 것일지도 모른다. 퇴락한 무궁화

기차는 떠났지만 아이들이 돌아왔다. 그곳에 학교가 있었기 때문이다.

아이들 손으로 만든 학교라는 그림책

교문을 들어서면 커다란 은행나무 아래 6학년 아이들이 손수 깎아 세운 장승 7기가 사이좋게 서 있다. 동생들을 위해 만들어 놓고 간 졸업생들의 선물이 학교를 떠난 뒤에도 든든한 형님들마냥 그 자리에 버티고 있다. 학교 폭력 예방이나 포돌이 캐릭터가 먼저 눈에 띄는 도심의 학교와는 사뭇 다른 첫인상이다. 장승에 쓰여 있는 말도 천하 대장군이나 지하 여장군 등이 아니었다. 어른들이 읽을 수 있는 것은 고작 '뭘 봐'뿐이고 나머지는 모두 아이들만 아는 외계어다.

하지만 운동장에서 바라본 학교의 전경은 여느 초등학교와 크게 다를 바가 없다. 작은 시골 학교 교정과 영 어울리지 않아 보이는 거창한 사열대까지도 그랬다. 한창 신축 공사 중이어서 아담한 2층 교사의 풍경도 어수선했다. 폐교 위기에 있던 학교에서 교실 증축이 필요해진 것만 보아도 큰 변화가 아닐 수 없다고 생각하며, 본관 건물 뒤편으로 발길을 옮겼다. 그러나 중앙 현관을 통과하자마자 마치 비밀의 문이 열리는 기분이다.

본관 뒤편에는 목공실과 도서관, 모임터, 양호실, 창고 등의 오래

된 단층 건물이 여러 채 있는데 구석구석 서로 다른 이야기들을 품고 있었다. 아이들이 만든 비밀의 정원이라고나 할까. 그곳으로 들어서려면 목공실과 본관 사이 통로에 만들어 놓은 비 가림 쉼터를 통과해야 하는데, 우선 고개를 들어 천장에 매달린 수문장에게 신고를 해야 한다. 우산살처럼 만든 대나무 가지에 흰 줄을 엮어 붙인 거대한 거미줄이 버티고 있는데, 거미줄 사이사이 솔방울로 만든 거미가 가득 매달려서 방문객을 기다리고 있기 때문이다. 지난 2012년도 봄에 거미의 생태를 공부한, 1학년부터 6학년까지의 아이들이 함께 만든 '숲 프로젝트' 작품이다. 촘촘하면서도 정교하게 엮은 거미줄에는 어린 동생의 고사리손부터 고학년 언니 오빠들의 노련한 손길까지 골고루 닿아 있다.

교사는 거미줄에 아이들이 만든 거미들을 매달기 전에 이렇게 물었다.

"거미줄에는 거미가 한 마리씩밖에 살지 않는데…… 이렇게 많은 거미들이 한 집에 살 수는 없을 텐데, 어떻게 하지요?"

"선생님! 여기를 거미 학교로 해요."

"우와 멋진 생각!"

'재미있게 노는 거미줄 학교'라고 이름 붙인 작품은 그렇게 탄생했다. 크고 작은 솔방울 거미들에게 붙여 준 이름처럼 백원의 아이들에게도 학교는 그렇게 '재미있게 노는 곳'인 모양이다. 아이들은 스스로 거미가 되어 보기로 하고, 교실 바닥에 누워 거미를 표현하는 몸 놀이를 하며 즐거워하기도 했다.

4주에 걸쳐 진행한 거미의 생태 프로젝트 수업을 마친 아이들 사이에서 자연스레 벽화로 숲 만들기를 하고 싶다는 의견이 나왔다. 아이들에게 거미줄 학교가 있는 천장과 그 주변 공간이 너무 삭막해 보였던 모양이다. 2012년 봄, 현장 체험 학습으로 서울 이화동 벽화 마을에 다녀왔던 추억이 아이들에게 불씨를 당겼다. 후미진 골목과 계단, 낡은 담장에 예술가들의 붓질이 더해지자 오래된 마을 전체가 거대한 박물관처럼 변한 동네였다. 벽화 마을의 명물인 날개가 그려진 그림 앞에서 천사 사진을 찍으며 즐거워만 했던 어린 아이들인데, 어느덧 자신들이 직접 학교에 벽화를 그리겠다고 나설 만큼 훌쩍 자라 있었다.

　아이들은 먼저 거미가 사는 환경을 이해하기 위해 학교 근처 천마산으로 찾아가 숲을 관찰하며 식생 조사부터 시작했다. 숲에서 보고 느낀 것을 사진에 담아 온 뒤, 교실에서 종이 위에 밑그림부터 그렸다. 그리고 천마산 숲 속에 살던 참나무와 풀꽃들과 거미의 이웃들이 아이들의 붓끝을 따라 학교 벽 위로 천천히 옮겨지기 시작했다. 투명한 지붕을 덮어 비만 막아 주었을 뿐 삭막하기만 했던 쉼터 공간이 이내 아이들 손으로 화사하게 변신을 했다.

　학교를, 자신을 둘러싼 공간을 바라보는 아이들의 시선이 달라진 것이 얼마나 진중한 공부였을까.

　"쉼터에 있는 흔들 그네에 앉아 보니 숲에서 거미들이 휴식하는 느낌이 들어서 나도 기분이 좋아졌어요."

　벽화 그리기를 함께했던 6학년 승민이가 한 말이다. 햇살이 비추

면 쉼터 바닥에 거미줄 그림자가 나타날 것이다. 해를 따라 시시각각 다른 모습을 보여 주는 거미줄의 그림자를 보면서 아이들은 어떤 즐거운 상상을 했을까.

숲을 옮겨다 놓은 벽화에서 조금 더 걸어가면 벽에서 아이들이 튀어나올 것 같은 새로운 그림이 펼쳐졌다. 지붕까지 닿는 키 큰 나무와 그 발치에 땅에서 돋아난 듯 풀밭이 펼쳐지고 크고 작은 식물들 사이사이에서 벽 속의 아이들이 뛰어놀고 있었다. 1학년부터 6학년까지 미술반에 참여한 아이들이 제 몸 크기 그대로 자신의 모습을 그려 넣은 것으로, 가장 최근에 그린 벽화다. 광진이, 은준이, 준혁이, 현준이, 혜진이, 한샘이, 서영이……. 벽화 속에 있는 아이가 누구인지는 전교생이 모두 다 알고 있다.

봄부터 여름까지, 아이들이 자신의 모습을 그려 넣은 벽화는 지난 3년여 방과 후 미술 활동의 커다란 전시장이었다. 아이들은 미술을 통해 스스로 예술 작품이 되는 길을 택했다.

벽화 그리기를 함께한 방과 후 강사 조현하 씨는 '저 넓은 벽을 아이들이 그림으로 다 채울 수 있을까' 하는 걱정 반 기대 반으로 시작했다고 한다. 교사는 미술 시간이라면 으레 도화지 위에 그림을 그리는 것이라고만 생각하는 아이들에게 예술 활동의 품을 더욱 넓게 확장해 주고 싶은 바람이 컸다. 하지만 규모가 커지고 시간이 오래 걸리는 벽화는 분명 아이들에게 힘에 부치는 작업이었다. 커다란 벽 그림을 완성하려면 여럿이 힘을 모아야만 가능한 일이어서 그만큼 교사의 부담도 컸다.

그럼에도 아이들은 조금도 주저하지 않고 즐겁게 벽 그림을 그려 나갔다. 처음에는 작은 도화지 위에 주위에서 관찰하고 상상한 것들을 그리면서 기본기를 다졌고, 준비 작업으로 서로의 장단점을 보완해 줄 수 있는 친구끼리 짝을 짓게 했다. 커다란 전지를 교실 바닥에 깔아 놓고서 한 사람이 누워 있으면 짝이 된 친구가 곁에서 몸을 따라 본을 떠 주었다. 혼자 힘으로는 절대 자기 몸의 밑그림을 그릴 수 없다는 것을 아이들이 먼저 배운다. 두 손을 번쩍 든 아이, 힘차게 달리는 아이, 둘이서 손을 맞잡은 아이……. 모두가 제각각 다른 자세를 취하고 있다. 아이들은 친구가 그려 준 밑그림에 눈과 코와 입과 귀를 그려 넣고 색색의 옷도 입혔다. 내가 나를 그리는 일은, 친구가 먼저 내 본을 떠 주었기 때문에 가능했다. 아이들은 자라면서 나를 알아 가는 과정에서도 친구라는 거울이 필요하다는 것을 느꼈을까.

그렇게 종이 위에 그린 그림을 한데 모아 전체 크기를 가늠해 본 다음, 교실 밖으로 나가 본격적으로 벽 그림을 그리기 시작했다. 부분에서 전체로, 작고 사소한 것에서부터 제 몸보다 큰 그림까지. 그림을 그리며 모자라고 부족한 곳은 서로 힘을 모아 완성해 나갔다. 조현아 씨는 건물 벽이 아이들의 그림으로 가득 채워지는 모습을 지켜보면서 "이 아이들이 때로는 나의 스승이다."라고 느꼈다고 말했다.

수직으로 선 벽 위에 그림을 그리는 일은 도화지에서처럼 쉬운 일이 아니다. 아이들 키가 닿지 않는 나무의 윗부분을 칠하기 위해

서는 책상을 두 개나 겹쳐 올린 다음 그곳을 딛고 올라가야 했다. 당연히 밑에서 안전하게 책상을 잡아 주는 친구의 도움 없이는 완성할 수 없다. 높은 곳뿐만 아니라 건물 바닥에 닿는 낮은 풀밭을 그리는 일도 좀처럼 쉽지 않았다. 2학년 현준이는 아예 땅바닥 위에 누워 한 팔을 팔베개하고서 정성스레 풀밭에 색칠을 했다. 시스틴 성당의 천장화를 그리던 미켈란젤로도 그렇게 일찍이 누워서 벽에 그림을 그려 보지 못했을 것이다.

이후 아이들의 그림은 학교 구석구석 벽이 있는 곳이면 어디든 뻗어 나갔다. 학교 벽만으로는 모자라 담장 밖으로 나아가 등·하굣길 오가는 마을의 터널 벽에도 그림을 그렸고, 동네 할아버지 집 담벼락에까지 진출해 '출장 화가'가 되기도 했다.

뒤뜰은 건물 모퉁이를 돌 때마다 다른 그림이 펼쳐진다. 걸을 때마다 새로운 책장을 넘기는 것 같아서 학교 전체가 커다란 입체 그림책으로 보였다. 그림을 그리면서 아이들과 선생님 사이에 얼마나 많은 이야기꽃이 피어났을까. 벽마다 왁자지껄한 아이들 목소리가 쏟아져 나와 건물 전체가 들썩이는 듯했다.

조현하 씨와 함께 미술 지도를 했던 임수진 씨는 처음 백원초등학교에 와서는 다른 학교와 달리 너무도 자유로운 아이들을 보고 몹시 당황했다고 고백한 바 있다. 교사와 아이들이 격의 없이 어울리는 모습에도 놀랐다. 하지만 "시간이 지날수록 그 자유로움 속에

서 규칙이 보였고, 아이들 스스로 이루어 내려는 책임감이 보였다. 선생님이 한 발 뒤로 물러나면 아이들이 한 발 다가온다는 것. 강요하지 않으면 스스로 찾아서 하는 아이들의 모습을 보며 많은 것을 배울 수 있었다."고 보고서에 쓰기도 했다.

필요한 것을 스스로 만든다

학교 건물에는 물감으로 그려 넣은 평면적인 벽 그림이 있다면, 뒷마당에는 나무를 자르고 이어서 만든 아주 큰 입체 작품도 있었다. 우선 뒤뜰 한가운데 연못 위에 놓인 구름다리가 그중 하나이다. 물론 연못도 아이들이 만들었다. 금세 돌아서 갈 수 있는 작은 연못 위에 굳이 거창한 구름다리를 놓을 필요는 없어 보인다. 사실 효용과 경제성만 따지자면 '개 발에 편자'처럼 보일 수 있는 과한 다리였다. 그러나 "연못 위에 구름다리가 있으면 멋지겠다!"는 선생님의 한마디로부터 아이들은 스스로도 믿을 수 없던 꿈을 꾸기 시작했다. 모네의 정원에 등장하는 구름다리 같은 그림을 상상했을까. 그림 속 꿈을 현실로 보여 준 혜성이, 웅건이 그리고 동희와 상엽이의 다리. 아이들은 단지 작은 연못 위에 짧게 다리를 놓은 것이 아니었다. 불가능하다고 믿었던 마음속에 주춧돌을 놓고 스스로 길을 낸 것이다. 그러므로 연못의 구름다리를 경제적인 가치로만 따질 수는 없었다.

연못 너머에는 은행나무 두 그루가 서 있었다. 교문을 지키고 서 있던 나무와 키가 비슷했다. 아마도 학교를 세울 때 같이 심은 나무들인 모양인데, 뒤뜰 은행나무는 아이들이 만든 아지트의 든든한 기둥이 되었다. 큰 나무 두 그루 사이로 목공반 아이들이 지난 3년 동안 꾸준히 증축을 해서 커진 '트리 하우스 공동체'가 자리 잡고 있기 때문이다.

　처음에는 3학년 윤수, 정단, 훈이, 동준이가 은행나무에 자신들의 아지트를 건설하기 시작했다. 그러자 영민이, 상엽이, 동희가 만든 2층 침대와 미끄럼틀을 리어카로 옮겨다 연결했다. 아이들은 나무 집에 공간을 넓히거나 새로운 건물을 지을 때마다 서로 협상을 했다. 각기 다른 팀원들끼리는 계약을 맺어 증축을 허락하고, 먼저 세운 공간에 연결되는 새 작업을 시작할 때는 반드시 사용 승낙을 받아 냈다.

　고학년이 터를 닦은 곳에 이듬해 후배들의 손길이 더해져 '트리하우스'는 해마다 변신을 계속해 왔다. 은행나무 집 사이로 구름다리를 놓고, 서로 다른 공간을 연결할수록 새로운 놀이 공간이 늘어났다. 계단을 올라가 형들이 세운 나무 집에서 동생들이 만든 나무 집으로 구름다리를 건너고, 미끄럼틀을 타고 아래쪽 그네를 매단 놀이터로 내려올 수도 있다. 아이들이 상상하는 대로 넓어진 공간의 크기는 눈에 보이지만, 서로 믿고 의지하며 자라난 관계의 깊이는 자로 재듯 가늠하기 어렵다. 은행나무 집은 그 자체로 아이들의 성장을 담은 역사책이다.

"원래 지붕 위로도 올라가서 놀 수 있었는데 지금은 위험해서 막아 버렸어요."

수업이 끝난 뒤 자신이 만든 나무 집에서 놀고 있던 2학년 현준이는 트리 하우스를 방문한 낯선 손님에게 구석구석 자신들의 아지트를 자랑하며 신이 났다. 학교가 놀이동산 같은 모양이다.

이런 백원초등학교에 아이를 입학시키기 위해 가족이 전부 서울에서 상주로 이사를 한 경우도 있다. 도시에서 자란 아이들이 작은 시골 학교를 찾아온 뒤로 아이와 가족들의 마음자리에는 어떤 변화가 있었을까. 본래 이곳에서 나고 자란 아이들은 멀리서부터 학교를 찾아 마을로 들어온 또래들과 새롭게 사귀면서 어떻게 달라졌을까.

방과 후 수업으로 목공을 시작한 지 10년째, 지금까지 9개 학교 아이들을 지도해 왔다는 강사 백승희 씨는 백원초등학교가 남다른 곳임을 수업을 계속하는 동안 확연히 느꼈다. 다른 학교 방과 후 목공 수업은 '한 번쯤 경험해 보면 좋은' 것을 쇼핑하듯이 고르

는 일회성 수업인 경우가 많았다. 그러나 '백원의 목공 교실은 학교를 졸업하기 전까지 자신이 필요로 하는 시점에서 자유롭게 선택할 수 있고, 더욱 장기적인 계획으로 시작'한다는 것에서부터 달랐다. 선생님들도 목공 수업이 단순한 기술 습득이 아니라 '개개인 삶의 자립을 위한 배움의 과정'이라는 것을 공유하고 있었다. 의욕은 있으나 자신감이 없거나 부족한 면이 있는 아이들은 담임 교사가 필요할 때 빈자리를 채워 주기 위해 지속적으로 곁에서 지켜보았다. 학기마다 방과 후 강사와 교사들이 아이들의 목공 수업에 대해 토론 시간을 갖는 것도 그런 연유였다. 어떤 작품을 얼마나 완성했는지 평가하는 자리가 아니라 아이들이 자신이 원하는 것을 만드는 과정에서 무엇을 느끼며 배웠는지, 서로의 마음을 잘 이해하기 위해서였다.

그래서 백승희 씨는 목공 수업의 결과보다는 아이들이 자라는 과정을 중시하는 학교의 열린 운영 방침이 고마웠다며 이렇게 말

했다.

"2학년 때 그렇게 의존적이고 공격적이던 동희와 상엽이가 4학년이 된 지금 목공 교실 안에서만큼은 의젓한 선배 노릇을 한다. 준비에서 마무리까지 자립적으로 척척 잘해 내는 모습을 보면서 그런 아이들을 내가 가르친다기보다 함께한다는 즐거움이 컸다."

아이들은 목공 교실에서 구름다리나 그네, 트리 하우스 같은 거창한 작업만 한 것은 아니다. 누구든 자기가 원하고 필요로 하는 물건은 무엇이든 다 만들 수 있다. 나무칼에서부터 책장, 나무 슬리퍼, 연필꽂이, 강아지 집……. 그리고 점차 솜씨가 늘면 엄마의 주문으로 만든 배전함 가리개처럼 식구들에게 필요한 생활용품까지 다양해졌다. 처음에는 장난감 소품으로 나무와 친해지기 시작한 아이들이 점점 자심감이 생기면 형과 누나들처럼 큰 작품을 만들고 싶어 뜻 맞는 친구들과 팀을 꾸리기 시작했다. 목공반 아이들이 가장 좋아하는 것이 그네 만들기인데, 대표적인 협동 작품이다. 한 학기가 끝날 때쯤이면 으레 집으로 자기 그네 하나씩 만들어 가는 게 목공반의 통과 의례처럼 되었다. 우등상장 대신 자기가 손수 만든 그네를 싣고 가는 아이들 표정을 상상해 본다.

이제 아이들 스스로 톱으로 나무를 자르고 조립하고 못을 박고 사포질을 하는 일은 일상이 되었다. 톱과 망치처럼 어른들도 쉽게 다루지 못하는 연장들을 자유자재로 쓸 수 있게 되기까지 제 팔과 손목의 근육을 조율하면서 자연스레 생각의 힘도 커졌을 것이다. 상상을 현실로 만들기 위해서는 도면도 그리고 치수도 재면서 치

밀한 계산도 해야 한다. 교과서 속 지식이란 모두 이렇게 필요한 곳에 쓰기 위해 배우는 것 아닌가.

강사 백승희 씨는 목공 수업의 목표도 '내가 필요로 하는 것을 스스로 만든다'가 전부라고 했다. 이 단순한 삶의 기술을 어른들은 잃어버린 지 오래다. 우리는 스스로 만드는 즐거움을 시장에 빼앗긴 채 남의 노동을 사기 위해 돈을 버느라 허덕이고 있지 않은가.

아이와 교사가 함께 자라는 학교 논

트리 하우스에 올라가면 전망대처럼 사방을 훤히 둘러볼 수 있다. 학교 주변에는 논에서 수확을 기다리는 실한 벼들이 넉넉한 들판 풍경을 가득 채우고 있다. 트리 하우스 아래는 아이들이 기르는 토끼우리가 있고, 바로 옆 담장 밖으로는 이웃 농가에서 기르는 소 두 마리가 외양간 너머로 고개를 내밀어 학교 쪽을 바라보고 있다. 소들은 아이들과 종종 눈을 맞췄을 것이다. 비좁은 공장식 축사에 갇혀 있는 소들보다 평안해 보였다. 세상에서 가장 어린 농부들의 논과 가까이 있어서 그렇게 보이는 걸까.

트리 하우스에서 바로 내려다보이는 곳으로, 담장 없이 활짝 열려 있는 논에서 해마다 백원의 아이들이 논농사를 짓는다. 익살스러운 표정의 허수아비들만 보아도 아이들의 논이라는 것을 금세

알 수 있다. 해마다 제 손으로 농사지은 쌀로 밥과 떡을 해 먹는 아주 특별한 공부가 펼쳐지는 곳, 백원초등학교의 야외 교실이다.

아이들이 처음 논농사를 시작하게 된 것은 2012년, 마을 주민으로부터 학교 소유의 논을 돌려받으면서부터 가능했다. 교사를 증축하면서 지적도상에 학교 소유의 논이 있다는 사실을 발견한 것이다. 이전에는 설령 알고 있어도 방치해 두었을 천덕꾸러기 같은 공간일지 몰라도, 의욕이 넘치는 교사들에겐 잃어버린 보물을 찾은 것처럼 귀한 땅이었다.

결국 교육 과정 중에 '식물의 한살이'와 '식물의 세계'를 배우는 4학년이 논 프로젝트 주인공으로 당첨되었다. 같은 해 5학년들은 텃밭 농사를 마치고 김장을 담갔고, 6학년들은 〈백원초등학교 농사직설〉이란 프로젝트 수업을 진행했던 것과 비교해도, 상대적으로 어린 4학년들에게는 엄청난 도전으로 보였다. 사실 아이들은 재미와 호기심으로 시작했지만 담임을 맡았던 김현정 교사는 걱정이 많았다고 고백했다. 그는 시골에서 나고 자라긴 했지만 교사나 아이들이나 농사 앞에서는 똑같은 초보였다.

　　사택 바로 옆에 있는 우리 논을 확인하러 아이들과 함께 갔다. 최진열 선생님께서 직접 다리를 만들어 주셨다. 다리를 가리키며 최진열 선생님께서 일부러 우리를 위해 만들어 주셨다고 전했다. 아이들은 다리를 건너면서 다리를 양 끝으로 밟으면 다리가 들린다고 가운데를 밟아야 한다고 말했다. 논에는 뚝새풀이 가득했다.

　　"선생님, 풀이 가득해요."

　　"그렇네."

　　"갈아엎으면 거름이 되겠어요."

　　아이들과 이야기를 주고받으며 논둑을 줄지어 걸어 다녔다. 실제로 걸어 다녀 보니 논은 생각보다 훨씬 컸다. 아이들에게 논의 일부를 막아 놓고 모를 아예 심지 않는 연못으로 만들 예정이라고 했다.

과연 논 공부를 잘할 수 있을까 부담이 되면서 되도록 할 수 있는 만큼만 해야지 하는 생각을 하며 걱정을 털어 내려고 노력했다. 이미나 선생님이 말한 태평 농법이란 말을 떠올리며 웃음을 지었다.

2012년 4월 19일 4학년 김현정 교사의 활동 일지에서

그러나 걱정과 달리 교사는 한 해 논농사를 국어, 과학, 사회, 미술, 도덕 교과로 연계해 어느 해보다 풍부한 수업을 꾸릴 수 있었다. 과학 과목에서 식물을 배우는 것으로 그치는 게 아니었다. '우리 지역의 자연환경'과 '촌락 지역의 생활 모습'이라는 단원 공부를 위해 아이들과 루페와 사진기를 들고서 논으로 나갔다. 아이들이 농사지을 논을 구경하고, 논에 댈 물이 어디에서 흘러오는지 알아보기 위해 수로를 거슬러 따라가면서 사회 공부를 했다. 육묘장에 가서 모판에 볍씨 심는 과정을 살펴보면서 어른들께 궁금한 점을 물어볼 때는 국어과 '높임말을 바르게 사용하는 방법 알아보기' 수업이 되었다.

처음에는 모판에 기계로 흙을 넣고 물을 뿌린 다음 볍씨를 얹고 다시 흙을 덮는다. 이 단계를 거친 모판은 '온도방'에 간다. 온도방에서 본 것 중에 모판 중간에 곰팡이가 핀 것이 신기했다. 온도방에 3~4일 있다가 비닐하우스에서 20일 정도 있는다. 그다음으로 못자리에서 3~4일 있다가 모내기를 한다. 이렇게나 많은

단계를 거치고 난 후에 우리가 먹는 쌀이 된다는 것이 신기하고
재미있었다.

4학년 이경호 학생, 4월 26일 육묘장 견학 활동 일지에서

아이들이 칠판과 교과서가 있는 교실 밖으로 나와 이웃 어른과
부모님을 선생님으로 모시게 되자 궁금한 것들이 봇물처럼 터져
나왔다. 애써 질문할 사람을 찾는 교실 수업과 달리 모든 게 역동
적이었다. 서로가 서로에게 묻고 대답하면서 질문이 스스로 답을
찾아가게 했다. 때로는 아이가 교사를 가르치고, 친구 부모님이 선
생님이 되었다. 본래 배움의 즐거움이란 이런 것 아니었을까.

줄곧 아이들의 논농사를 지켜보며 도와준 선생님은 효은이 아
버지였다. 논농사 선생님은 논에서 공부를 하려면 아이들이 편안
히 다닐 수 있게 논둑이 넓어야 한다며, 제일 먼저 포클레인으로
논둑부터 넓고 단단하게 다져 주었다. 논물을 대고, 한쪽 구석에
연못까지 만들어 놓으니 논은 아이들에게 신기하고 재미난 놀이터
가 되었다. 맨발로 논에 들어가 발가락 사이로 미끄러지는 진흙을
밟으며 물수제비를 뜨고 개구리를 잡고 친구 얼굴에 흙을 바르며
놀았다. 아이들은 논물이 따듯해지자 똥을 밟는 느낌이라고 하면
서도 좋아했다.

논에 물이 들어오고 나니 4학년뿐만 아니라 전교생의 관심이 논
으로 쏠렸다. 그러자 기특하게도 아이들 스스로 논을 지켜야겠다
는 생각을 하기 시작했다. 논을 구경하고 싶은 다른 학년을 위해

안전한 논 놀이 규칙을 만들자고 4학년 아이들이 마음을 모은 것이다.

> 돌이나 유리를 던지지 말아 주세요.
> 논에서는 걸어 다녀요. 미끄러워요.
> 어른과 같이 논에 구경하거나 들어오세요.
> 논의 생물과 같이 놀고 놓아주세요.
> 연못에서만 노세요. 논은 안 돼요(모가 아파요).
> 연못에서 놀 사람은 갈아입을 옷 준비.
> 오줌은 화장실에서(밤에 고추 뗀다).
> 논둑과 연못 바닥을 파지 마세요.

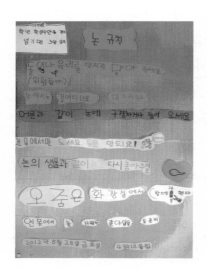

아이들은 이런 규칙을 세우면서, '경고를 몇 번 줄 것인가', '얼마 동안 논 출입을 금지할 것인가' 하는 문제에서 특히 고민을 많이 했다. 교사는 '이번 경고와 처벌 규정이 앞으로 다른 학년이 세우는 여러 규칙에도 영향을 끼친다는 점을 잘 생각해 보고 결정하라'는 말만 덧붙여 주었을 뿐이었다. 4학년들은 열띤 논의 끝에 경고는 각 학년의 학생 수만큼 넉넉하게 주는 대신, 논 출입 금지 기간은 세 달이라는 강력한 처방을 내놓았다. 이 과정은 고스란히 '서로 다른 의견을 비교하며 토의에 참여하기'라는 국어 수업이 되었다.

아이들이 세운 논 규칙은 전교생과 선생님이 모두 모이는 5월 31일 백원초등학교 전체 회의인 '한자리 모임' 시간에 공표되었다. 본격적인 모내기를 시작도 하기 전에 아이들은 스스로 배우며 서로를 가르치고 있었다.

'태평 농법' 전도사인 농부 이영문 씨는 가족 중에 죽은 사람이 생기면 그해 농사가 풍년이 든다는 옛말에 궁금증을 갖다가 논밭을 갈지 않는 농사를 시작하게 되었다고 한다. 예부터 상을 당한 가족은 죄인이라는 생각에 농사일에서 손을 떼었는데, 결과적으로 논을 돌보지 않고 내버려 둔 일이 벼가 스스로 자생력을 기르게 만들었다. 기계로 갈아엎은 논보다 소로 써레질을 한 논의 벼가 나았고, 아예 전혀 갈지 않은 논에서 자라는 벼가 병충해에도 강하고 알곡도 실한 것을 보고 깨달았다. 농부가 게을러 보일 정도로 태평하게 있는 대신 벼는 스스로 더욱 강인하게 자랄 수 있는 힘을 기른 것이다.

"태평 농법이란 기술이라기보다 식물 생태에 대한 이해"라고 강조하는데, 농법을 '교육'으로 식물을 '아이들'로 바꾸어 읽어도 된다. 김현정 교사는 논에서 교육의 태평 농법을 몸으로 배웠다.

태평 농법이라고 해서 농부가 게으른 것은 아니다. 교사 역시 아이를 믿고 지켜보며 조급증을 내려놓았을 뿐, 사실 더 바쁘다. 김현정 씨는 백원초등학교에 와서는 다른 동료 교사와 마찬가지로 출퇴근이나 방학이 따로 없었다.

어린 농부들과 선생님은 난생처음 모내기도 하고, 제초제 대신 잡초 해결사로 우렁이를 논에 뿌려 주었다. 그리고 틈틈이 논에 사는 생물들을 관찰해 벽에 그림도 그리고, 지점토로 만들기를 하며 논 생물을 소재로 시도 썼다. 아이들은 여름 방학이 끝나고 논에 들어가 손으로 잡초도 뽑았다.

수확을 준비하기 위해 논에서 물빼기 작업을 하게 되자 벼와 함께 살던 논 생물들을 걱정하기 시작했다. 아이들은 우렁이, 게아재비, 장구애비, 물방개, 개구리밥과 거머리까지 우리가 함께 살아가는 생명의 무게에 대해 깨닫게 된 것이다. 그렇게 햇살 아래 벼가 여물어 가듯 아이들의 몸과 마음도 영글었다. 태풍이 지나가면 먼저 논부터 걱정할 만큼 의젓하게 자란 것이다.

태풍이 지나가도록 터놓은 논둑을 막아 보수할 때는 모종삽과 세숫대야, 양동이를 든 고사리 손으로 진흙을 퍼 담고 나르느라 힘들어했다. 그러면서도 아이들은 물컹한 진흙을 퍼 담으며 붉은 흙이 고춧가루라며 '김장 버무리기' 놀이를 하며 즐겁게 일했다. 일이 놀이고 놀이가 공부였다. 그렇게 나를 둘러싼 세상 모든 것으로부터 배우며 자라는 것이 본래 아이들의 삶 아닌가.

모닥불을 피워 볍씨도 구워 먹어 보았고, 낫을 들고 손수 벼도 베었다. 벼에서 낟알을 훑고, 볍씨를 말려 도정하러 가기까지 아이들은 어엿한 농부의 길을 고스란히 따랐다. 추수가 끝난 뒤에는 볏짚으로 새끼줄을 꼬아 짚공예품 만들기도 했지만, 아이들이 무엇보다 좋아한 것은 논에 볏짚을 쌓아 놓고 친구들과 뒹굴며 노는 것이었다. 따스한 햇살 아래 푹신한 볏짚을 베고 누워 하늘에 떠가는 뭉게구름을 바라보며 까르르르 웃음이 터져 나오는 아이들, 그 모습을 상상해 보는 것만으로도 절로 미소가 지어진다.

김현정 교사는 논농사 프로젝트 수업을 마무리하며 나 자신에 대해 알아 가고, 자신을 넘어서 다른 사람과 관계 맺는 법을 배운 것이 가장 소중한 공부였다고 평가했다.

자신이 어느 정도 할 수 있는지 얼마나 견딜 수 있는지 스스로 자신을 관리해 나가며 프로젝트를 수행했을 것이다. 몸과 마음의 힘이 부족할 때는 친구에게 도움을 청하고 친구가 힘들 때는 자신의 힘을 보태어 가며 스스로가 얼마나 할 수 있는지를 확인했다. 아이들은 자기 자신과 부딪혀 가며 늘 조금씩 스스로 성장해 나갔다.

김현정 교사 활동 보고서에서

그는 아이들과 자신의 관계 또한 성숙시켜 준 논이라는 공간이 참 고맙다고 했다.

배꽃 냄새를 아시나요

상주를 대표하는 과일은 곶감과 포도 그리고 배인데, 학교 주변에는 특히 배 과수원이 많다. 해마다 봄이면 도시 사람들이 온통 벚꽃 축제에 넋을 놓고 있는 동안, 시골 마을 과수원에서는 조용히 배꽃이 피어난다. 벚꽃처럼 화려하지는 않아도 실한 열매를 기다리는 꽃이니 농가에는 귀한 살림 밑천이다.

2012년 5학년 이미옥 교사와 반 아이들은 학교 가까운 과수원에서 배와 함께 한해살이 프로젝트 수업을 진행했다. 4학년의 벼농사 수업을 적극 도와주었던 효은이네 과수원이 이번에는 학교 밖

교실이 되었다. 과수원에서는 효은이 어머니가 선생님이다.

"꽃을 따서 꽃가루로 배나무끼리 결혼시킬 거야."

아이들은 결혼이란 말에 낄낄거리면서, 설레는 맘으로 꽃을 따 비닐봉지에 담았다.

"까만 것 말고 분홍빛 나는 걸로 따세요."

효은이 어머니는 아이들에게 꽃을 따는 방법까지 친절하게 가르쳐 주신다. 꽃밥이 불그스름한 것을 따야 제대로 수분을 할 수 있다.

4월 17일 '배꽃을 만나다'라는 주제로 이루어진 첫 수업 시간, 아이들이 비닐봉지에 따 모은 배꽃은 그날 오후 꽃가루를 만들기 위해 농촌진흥청의 화분 은행으로 옮겨졌다. 과수원의 배나무는 벌과 바람의 힘으로만 자연 수정을 하기 어렵다. 꽃에 꽃가루를 묻혀 주는 인공 수정을 결혼이라고 한다면, 아이들 손으로 중매를 한 셈이었다.

아이들이 과수원에서 배꽃을 따며 놀던 시간은 잠깐이었지만, 배꽃을 매개로 공부할 수 있는 것은 무궁무진했다. 교실로 돌아온 아이들은 현미경으로 배꽃을 속속들이 들여다보았다. 꽃의 역할과 구조를 배우는 과학 수업과 세밀화 그리기 같은 미술 수업, 그리고 '글똥누기'라고 이름 붙인 글쓰기까지 꼬리에 꼬리를 무는 학습이 계속되었다.

배꽃의 생김새는 꽃잎이 약 5개 있고, 수술은 27개 정도 있고,

암술은 2~8개 정도 있다. 그리고 꽃받침대가 있고, 씨방이 있다. 냄새는 한마디로 구리다. 처음으로 배꽃 냄새를 맡았을 때, 나는 기절할 정도로 냄새가 구렸다.

5학년 백지승, 4월 17일 글똥누기에서

아이들에게 가장 강렬한 것은 배꽃 냄새였다. 멀리서 보면 아름답기만 하던 희고 눈부신 꽃무리인데, 막상 가까이 가보니 '똥 냄새가 난다, 지독하다, 비린내 같다, 우웩! 다시는 맡고 싶지 않다'는 식의 거침없는 표현들이 쏟아졌다.

이미옥 교사는 배꽃을 소재로 한 다양한 시들을 찾아보면서 함께 감상하는 시간도 가졌지만, 배꽃 냄새에 놀란 아이들에게 다른 생각이 끼어들 틈이 없었다. 만일 냄새를 맡지 않고 멀리서 예쁜 꽃만 구경했다면 어땠을까. 오히려 배꽃 냄새에 얼굴을 찌푸려 본 경험도 없이 이조년의 시조 '이화에 월백하고'만 외우는 것이 무슨 소용이 있을까. 배꽃 냄새를 기억하는 아이들에게 가을날 열매의 향기로운 단내가 더욱 귀하게 여겨지지 않을까.

배 프로젝트 수업은 과수원에서 아이들 몫으로 배나무 다섯 그루를 내주었기 때문에 가능했다. 아이들은 과수원의 수많은 배나무들 속에 '우리 나무'가 있다는 사실에 책임감과 애정을 가졌다. 배꽃을 따고 보름이 조금 지나 리어카에 유박을 싣고 과수원으로 간 날, 아이들은 드디어 나무에 이름을 짓기로 했다. '배 나와라 뚝딱' '대박 난 행복나무' '올해도 풍년일세' '애용 배용 나무' '달고

맛있어라'라는 이름을 짓고, 나무에 걸어 줄 예쁜 이름표도 손수
만들었다. 수많은 나무들 가운데 내가 이름을 짓고 부르는 나무가
있다는 것은 얼마나 큰 의미인가. 시인은 "내가 그의 이름을 불러
주었을 때, 그는 나에게로 와서 꽃이 되었다"고 했는데, 아이들이
이름 붙인 배나무 다섯 그루는 꽃이 진 자리에 묵묵히 열매를 맺
어 주었다.

　열매가 크면 솎아 내기를 해야 한다. 상품이 되려면 당연히 거쳐
야 할 과정이지만 교사는 아이들이 이것을 어떻게 받아들일지 궁

금했다.

"많이 열리면 좋잖아요? 왜 잘라요?"

아이들이 물었다.

만일 배나무 하나가 교실이고 열매를 아이들이라고 생각한다면, 작고 부실한 것을 솎아 내고 잘난 것만 크게 키우려고 한다면 과연 옳은 일일까, 주저하게 될 것이다. 하지만 나무 한 그루가 저마다 다른 아이들이라고 한다면 장점을 살리기 위해 모자라고 부족한 것을 채우는 것은 자연스러운 성장의 통과 의례. 전체를 보는 것과 부분을 보는 데는 늘 이런 차이가 있을 수 있다. 교사는 그것도 일방적으로 가르치지 않고 아이들 스스로 서로 생각을 나누며 이해하게 되길 바랐다.

오늘 배 밭에 갔다. 적과를 했다. 적과는 배가 많이 있으면 영양분이 없어 작아지니까 반 정도 남기고 다 자른다. 많이 뭉쳐 있는 거는 제일 상처 없고 잘 생긴 걸 놔두고 나머지는 자르는 것이다. 오늘은 반만 잘랐다. 다섯 나무인데도 힘들었다. 그리고 새로운 것을 배워 기뻤다.

2013년 5월 23일 글똥누기 송수영의 글

아이들은 배를 씌워 줄 봉지에 직접 디자인을 해 그림을 그렸고, 열매가 자라자 다시 솎아 내기로 따 낸 열매들을 다섯 바구니 가득 학교로 가지고 와서 전교생과 함께 나누어 먹기도 했다. 그렇게

아이들이 여무는 것처럼 뜨거운 햇살 아래 무럭무럭 배도 자랐다.

추석 무렵 본격적인 수확 철이 되자, 아이들은 직접 키운 배를 가족에게 선물도 하고, 시장에 내다 팔 계획으로 마음이 들떴다. 우리만의 상표를 만들고 싶다는 아이들 바람대로 '500원 꿀 배, 오~꿀 배'란 이름도 탄생했다. 백원초등학교 아이들이 각자 학년별로 부르는 별명대로 5학년, 500원이 키운 꿀맛 같은 배가 된 것이다.

드디어 추석 대목을 앞둔 상주 장날, 아이들은 상기된 얼굴로 시장에 나갔다. 아침 일찍 장터로 나갔지만 노련한 어른 틈에서 자리를 잡는 것부터 쉽지는 않았다. 간신히 자리를 잡고 좌판을 벌리

려고 하니 마음만 부풀었던 어린 상인들은 가격도 정하지 않았다는 것을 깨달았다.

"쌤! 우리가 오기 전에 저기 둘러보니까 진짜 비싸게 팔아요."

"그럼, 어떻게 하면 좋겠어?"

"그 사람들보다 싸게 팔아야 되는 거 아니에요?"

"그럼 무조건 남들보다 싸게 팔면 될까?"

결국 아이들은 시장에서 팔고 있는 배의 가격과 크기를 살펴보고서, 큰 것은 한 개에 2000원, 작은 것은 1000원씩으로 가격을 정했다. 물론 아이들이 꽃이 필 때부터 제 손으로 열매를 따서 시장에 나오기까지 배나무에서 얻은 배움의 가치를 값으로 매긴다면 시장 가격과는 비교도 할 수 없을 것이다. 나무가 열매를 맺기까지 햇살과 바람과, 비와 땅속 벌레와 풀들의 노고에도 값을 매기지 않는 것처럼, 우리는 정말 소중한 것일수록 값을 치르지 않고서 서로 나누고 있다는 것을 쉽게 잊고 지낸다.

아이들은 배를 시장과 학교에서 팔아 모두 23만 원을 벌었다. 스스로 돈을 번 것도 뿌듯했지만 그 돈을 어디에 쓸 것인지 머리를 맞대고 의논하는 일도 즐겁고 설렜다. 반 아이들이 먹고 싶은 햄버거 하나씩 사 먹을 수 있는 금액만 남기고, 배 농사를 도와준 '효은이 이모님'께 선물을 드리고 남은 것은 모두 어려운 이웃에게 기부하기로 마음을 모았다. 일 년 농사로 자신에게 돌아온 것이 '겨우 햄버거 한 개'라고 아쉬워하는 아이는 한 명도 없었다. '500원 아이들'은 태어나서 가장 비싼 햄버거를 먹었기 때문이다.

이미옥 교사는 "예전에는 프로젝트를 무조건 교과 공부와 연결시켜야 한다는 생각 때문에 많이 부담스럽고 힘들었는데 교과에 신경 쓰지 않고 편하게 잘 왔다"고 느끼니 오히려 더 즐거웠다. 물론 교사로서 배를 솎아 주고, 봉지를 씌워 주기도 하면서 왜 그렇게 해야 하는지에 대해서는 충분한 고민이 부족했다고 느끼기도 한다. 하지만 스스로 모른다는 사실을 비로소 알게 된 것만큼 큰 공부가 어디 있을까. 그만큼 일 년 동안 아이들과 함께 과수원을 드나들던 시간은 교사에게도 소중하고 특별한 경험이었다.

떠나는 선생님 돌아오는 선생님

백원초등학교를 방문한 날 저녁, 상주 시내 식당에서 선생님들이 한자리에 모였다. 교사들의 옷차림을 보면 학교 분위기도 읽히는데, 백원의 선생님들은 모두가 활동하기 편한 복장이다. 교무실 책장에도 교사의 수만큼 밀짚모자가 준비돼 있었다. 워낙 야외 활동도 많지만 언제든 아이들과 뛰어놀 수 있게 준비된 자세로 보인다. 백원의 아이들은 방과 후에도 학원에 가지 않고 온종일 학교에서 놀기 때문이다.

상주 시내에서 일부러 백원초등학교로 찾아온 학부모들은 '그래, 실컷 놀려 보자. 아이들 본성에 집중하자'는 교사들의 생각을 존중한다. 실제로 백원초등학교는 교과 과정 자율 학교이기 때문에 블록 수업을 한다. 그래서 쉬는 시간도 30분이다. 교사들은, 놀아도 30분은 놀아야 아이들에게서 생기가 돈다고 생각한다. 종일 학교에서 놀다 집에 돌아가면 힘이 빠져서 일찍 자야 하기 때문에 부모가 사교육을 시키고 싶어도 할 수 없는 구조라고 했다.

"뜻 맞는 선생님들끼리 학교를 살리자고 한데 모였어요."

정준석 교사가 학교를 변화시킨 중심에 있던 사람들이라며 한자리에 모인 동료들을 소개했다.

"저는 사실 아무것도 모르고요, 여기 선생님들이 시켜서 학교를 위해 앵벌이로 지원했을 뿐이에요."

자신이 환경 교육 전문가도 아니었고, 단지 아이들을 위해 쓸 돈이 필요해서 상금만 보고 덜컥 달려들었다는 게 정준석 교사의 일관된 이야기였다.

실제로 2011년 정 교사가 '학교환경교육지원사업'에 선정된 그해, 백원초등학교는 자율 학교(교육 과정) 지정과 함께 문화체육관광부 지정 '예술꽃씨앗학교'가 되기도 했다. 폐교 위기의 학교로 팔을 걷어붙이고 찾아온 교사들에게 하고 싶은 일들을 마음껏 펼칠 수 있는 재원이 충분히 마련된 것이다. 그렇지만 외부로부터의 재정 지원은 그에 따른 성과를 내야 한다는 점에서 몹시 부담스러운 일일 것이다. 그런 의미에서 교사에게 지원 사업 공모는 '뜻이 없으면 안 해도 되는 일'이기 때문에 굳이 승진 같은 욕심이 없으면 나서지 않는 일이다. 더구나 작은 학교에서는 누구 하나 싫다고 하는 사람이 있으면 추진하기도 힘들다. 그러니 소위 '혁신 학교는 교사의 희생으로 노동 착취를 하는 곳'이라며 교사들이 우스갯소리를 하기도 한다.

"우린 근로기준법 무시하고 일해요. 기존 학교하고 다르게 모든 일을 다 같이 해야 하니까 그만큼 심적 부담도 커요."

교사에게 돌아오는 보상은 과중한 업무 때문에 저절로 체중 관리가 돼 돈 들이지 않고 다이어트를 한 것이라고, 이미나 교사가 웃으며 말했다. 그는 이전에 상주 남부초등학교에서 혁신학교를 통해 작은 학교를 변화시킨 값진 경험을 가지고 있었다.

"백원이 좋았던 게, 교사들이 중심이 되니까 교사 스스로 아이와 함께 배울 수 있어서 좋았어요."

백원에서 뜻 맞는 동료 교사들과 함께 생활하다 올해 시내 큰 학교로 전근을 간 최진열 교사의 말이다. 그는 다른 학교에서는 보통 뭘 해 보려고 하면 "그거 꼭 해야 하나? 대책은 있나? 돈은 있나?" 이런 질타 앞에서 먼저 교사가 위축되고 의지가 꺾인다고 했다. 그래서 '교사 스스로 일을 벌이면서 배울 수 있으니까' 백원에서의 경험이 얼마나 값진 것인지 떠난 뒤에 더 절실하게 느꼈다. 그는 교사에게 교육 활동이란 '자기 경험을 드러내고 자기 성장을 확인하는 것'이라고도 했다. 최 교사는 정준석 교사의 대학 동아리 선배로, 함께 살맛 나는 학교를 만들어 보자고 먼저 손을 내민 사람이기도 했다.

정 교사는 백원초등학교로 오기 전에는 구미시의 규모가 큰 학교에 있었다. 도심의 성냥갑 같은 아파트 단지 한가운데에 있는 학교가 그에겐 너무 답답했다. 학교는 아파트와 구색을 맞추고 있을 뿐, 아이들은 학교 공부보다 학원에 더 의지했다. 어느 순간 학교는 공산품 같은 아이들을 찍어 내는 공장이 되지 않을까 두려웠다. 학교에 대해, 교사라는 직업에 대해 더는 어떤 꿈과 기대도 가지고 있지 못하는 자신을 돌아보게 된 것이다.

그래서 가족이 모두 상주로 돌아올 결심을 하게 되었다. 상주는 그가 처음 교직 생활을 시작한 고향이었고, 이미 남부초등학교를 중심으로 새로운 학교 문화를 고민하는 선생님들이 여럿 있었다. 또 아토피가 심했던 아이들을 치유할 목적도 컸기에 도시에서 시골로 이사하는 데 망설임은 없었다. 현재 아내는 상주 시내에 있는 다른 초등학교 교사로 있지만, 두 아이들은 아침마다 아빠가 있는 시골 학교로 등교한다. 정준석 교사도 학교에서 선생님 소리 대신 종종 윤하 아빠, 지솔이 아빠로 불리는데 나쁘지 않다고 했다. 교실 밖에서는 종종 학부모들이 교사보다 뛰어난 선생님 역할을 하는 만큼, 교사와 학부모의 경계가 허물어지는 모습이 오히려 자연스럽고 반갑게 느껴진다.

"저는 선생님들이 여기 온 가장 큰 이유가 수업에 대한 절절한 고민 때문이었다고 생각해요."

그는 교사 본연의 자세로 돌아가 삶을 변화시키는 수업을 통해 아이와 함께 성장하고 싶은 욕심이라고 생각했다. 그것은 교사에게 인사 고과나 승진보다 원대한 꿈이다.

"사실 교사는 항상 불안해요. 나 한 사람이 많은 아이들을 책임지고 있기 때문에 과연 내가 잘하고 있을까 걱정하면서 자기를 돌아보니까요."

하지만 백원초등학교에서는 같은 마음으로 모인 선생님들이 있기에 서로가 서로에게 힘이 되었다. 게다가 그는 지난 3년 동안 여러 지원 사업들을 소화해 내느라 동료들이 많이 힘들었다는 것도 잘 알고 있었다. 그럼에도 이제는 크고 작은 변화를 일구어 온 경험을 바탕으로 수업에 대한 고민이 더욱 깊어지지 않을까 새롭게 기대하고 있었다. 그 역시 다른 어느 학교로 가더라도 백원에서의 행복한 경험이 자양분이 되어, 흔들릴 때마다 스스로를 지켜 줄 것이라 믿는다.

반면 백원에서 처음 교사 생활을 시작했고, 정준석 교사처럼 곧 전근을 가게 될 이미옥 씨는 많이 떨린다고 했다.

"20대를 보낸 학교를 이제 떠난다고 생각하니 솔직히 불안해요. 그동안 너 참 잘한다 하며 이야기 들어 주고 의지한 선배들과도 이별이니까요."

그의 눈가는 이미 촉촉하게 젖어 있었다. 다른 선배 교사들은 후배의 그런 불안한 마음 또한 값진 성장통이라 믿고 있는 듯했다. 그런 이미옥 교사를 선배로 지켜보던 막내 교사 김영훈 씨는 이렇게 말했다.

"선배들을 보면서 지층이 쌓여 가듯 그렇게 나도 만들어지리라 믿어요."

백원초등학교는 교정에 들어서기 전부터 학교 담장 안의 커다란 은행나무 두 그루가 노란 이파리로 환하게 불을 켜고 반겼다. 오래된 향교나 서원에서 그래 왔듯이 학교마다 흔한 것이 은행나무인데도 유독 그 모습이 반가웠다.

은행 알처럼 많은 후학을 길러 내리라는 뜻으로 학자수 대접을 받는 나무, 하지만 실제로는 열매가 무거워 제 힘으로 후손을 퍼뜨리기 어려운 수종이 은행나무다. 그래서 주위에서 보는 은행나무는 사람 손으로 심어진 것들이 대부분이다. 그런 의미를 되새겨 보아도 학교 교육의 취지와 은행나무는 잘 어울린다.

재미있는 것은 백원의 교정에 있는 큰 은행나무 네 그루가 공교롭게 모두 수그루라는 점이다. 은행나무는 다 자라 열매를 맺기 전까지 묘목만으로는 암수를 구별하기 어렵다고 한다. 처음 학교에 나무를 심은 사람들도 나무의 성별을 알지 못했던 모양이다. 타고난 본성이 온전히 발현될 때까지 은행나무 아래서는 그저 오래 기다릴 수밖에 없었을 것이다.

정준석 선생은 백원에서 가장 특별했던 경험도 교사로서 '의도된 기다림'의 시간을 알게 된 것이라고 했다. 백원의 나무들은 노란 은행 알 대신 해맑은 아이들이 실한 열매로 자라나길 기다리며 묵묵히 그늘을 내주었다.

글 김선미

못다 한 이야기
의도된 기다림

정준석

백원초등학교 교보교육재단 학교환경교육지원사업이 종료된 지
도 1년이 지났다. 사업 종료 후 백원초등학교에서 마지막 남은 1년
을 채우고 지금은 상주 시내에 있는 상산초등학교로 옮겼다. 시간
도 흐르고 자리도 달라지면서 학교환경교육지원사업의 환경 교육
은 아련한 기억이 되어 가고 있다. 그래서인지 이 짧은 글도 쉽게
써지지 않는 모양이다.

백원초의 환경 교육 이야기를 책으로 내는 일에 대해 조심스러
운 마음이었다. 아이들 학교 생활을 글로 옮기면서 글쓴이에 의해
해석되고 그 해석이 책을 읽는 사람들로 하여금 오해를 불러일으
키지 않을까 하는 우려를 하였다. 과대 포장된 과자처럼……

백원초에 특별한 교육은 없다. 백원초등학교 환경 교육 이야기는
어느 학교에서나 있을 법한 그런 교육이고 이야기다. 아이들은 교
보재단이 지원한 환경 교육을 했는지조차 모른다. 특별한 결과물
을 만들어 내기 위해 아이들이 동원된 적이 없기 때문이다. 당시

환경 교육은 국어, 과학, 사회, 미술, 실과와 같은 교과 시간, 방과 후 학교 그리고 쉬는 시간에 진행되었다. 환경 교육, 정확히 표현하자면 환경 프로젝트인데 교과와 연계하여 프로젝트로 재구성한 것이다. 그러다 보니 아이들은 배 농사짓기, 벼농사 짓기, 텃밭 가꾸기, 목공, 트리 하우스 짓기, 벽화 그리기를 수업했다고 여기지 환경 교육을 했다고 인식하진 않는다. 이는 아이들의 일상생활과 수업 속에서 환경 프로젝트가 되길 의도했기 때문이다.

환경 프로젝트는 책상머리에서 하는 공부와 많은 부분이 달랐다. 교실 수업에서는 특정한 아이들만 주목받는다. 그러나 교실 밖을 벗어나면 모든 아이들이 반짝반짝 빛나는 학습자가 된다. 따라서 환경 프로젝트에 참여하는 아이들의 특징도 나타나고 스스로 성장하고 있는 모습을 엿볼 수 있었다. 벼농사를 지으면서 농사짓는 아빠의 힘든 노동을 이해하는 아이, 수업이 모두 끝난 뒤 놀이 삼아 트리 하우스를 짓는 아이, 벼농사 다큐멘터리를 찍으며 카메라에 매력을 느끼는 아이, 평소 장난기 많지만 낫 앞에서 긴장하며 열심히 벼를 베는 아이, 실패는 했지만 텃밭에서 수확한 감자를 태양열 조리기에 익혀 보겠다고 양산도 아닌 우산을 쓴 채 1시간 이상 감자가 익길 기다리는 아이 등 환경 프로젝트라는 상황에서 아이들은 제각기 자신의 호흡으로 성장해 갔다. 처음엔 서툴고 어려워해도 시간이 지나면서 아이들은 곧 익숙하게 프로젝트를 수행했다. 머리뿐 아니라 몸과 마음 모두 성장하는 환경 프로젝트였다.

나는 환경 프로젝트를 통해 아이들은 각자의 호흡으로 성장한다는 것을 알게 되었다. 달리 말하면 교사의 역할이 무엇인지 알게 되었다. '아이들에게 학습 환경을 제공하고 아이들 스스로 성장하도록 돕는 사람이 교사'라는 걸 깨달았다. 아이들을 자세히 살펴야 하고 어떻게 성장하는지 지켜보는 것 역시 교사의 역할에 포함된다는 것도. 나는 이것을 교사의 '의도된 기다림'이라고 부른다. 학교환경교육지원사업 이후 나는 '의도하고 기다리며' 아이들 옆에 있길 바라게 되었다.

책에 언급되지 않은 부분이 있다. 공주대학교 이재영 교수님과 백원초등학교 선생님들의 만남이다. 이재영 교수님은 환경 프로젝트와 사업 운영에서 멘토 역할을 맡아 틈틈이 학교를 방문해 도움을 주셨다. 이런 도움뿐 아니라 지식인으로서, 학자로서 사회적 기여를 몸소 보여 주셨다. 이것은 언제나 큰 감동이었다. 조금 늦었지만 이재영 교수님께 감사의 인사를 드린다.

마지막으로 아이들만큼이나 성장통을 함께 겪으며 사업을 수행한 선생님들께도 고마움을 전한다.

못다 한 이야기
작고 흐르는 것은 아름답다

이재영

　넓게 펼쳐진 논 사이에 작은 학교가 있고, 그 옆으로는 거의 폐쇄된 기찻길이 지나간다. 백원초등학교를 둘러싼 풍경은 현실 속에서보다는 동화책에서 더 쉽게 만날 수 있는 그런 것이었다. 전교생이 60여 명밖에 안 되는 작은 학교. 중소 도시 상주라고 하면 곶감밖에 떠올릴 것이 없던 나에게 백원초등학교는 잊혀 가던 어떤 기억을 떠올리게 하는 곳이었다.

　나는 2003년부터 4~5년 동안 아산에 있는 거산초등학교에서 작은 학교 살리기 혹은 전원형 작은 학교 운동에 참여한 경험이 있는데, 폐교 위기에 몰린 시골의 작은 분교였던 거산초등학교는 2005년 다시 본교가 되었다. 그때의 경험은 작은 개구리들이 황하의 물줄기를 돌려놓은 것 같은 환희가 되었다. 당시 학교 통폐합 정책이 주를 이루고 있던 한국의 상황에서 시골의 작은 학교가 다시 본교가 된 것은 주목할 만한 사건이었지만, 현실은 그리 만만치 않았다. 그런 과정에 참여하고 변화를 지켜본 나로서는 2011년 백원초등학교와 첫 만남이 특별하지 않을 수 없었다. 언젠가 행복했던 꿈속으로 다시 걸어 들어가는 느낌이랄까.

백원초등학교에는 뭔가 새로운 교육을 해 보려는 의지와 능력을 갖춘 선생님들이 모여 있었다. 그들은 밖으로부터 뭔가를 밀어 넣거나 충격을 주어서 아이들을 변화시키기보다는 이미 아이 안에 있는 어떤 힘과 에너지를 바탕으로 해서 스스로 성장해 가도록 돕고자 했다. 아이들은 놀기 좋아하고 만들기 좋아하고 친구들과 어울리기를 좋아한다고 믿는 분들이었고, 아이들로 하여금 자기 자신과 자기가 살고 있는 지역에 대해 자부심과 사랑을 느끼도록 도와주려고 모인 분들이었다. 그런 학교를 만나면 도와주러 간 내가 늘 도움을 받고 에너지를 얻어서 돌아온다. 거산초등학교 때도 그랬고 백원초등학교에서도 그랬다.

교육 과정의 권위에 대한 교사의 인식에 차이가 있는 만큼, 정도의 차이는 있었지만 교사들은 워크숍을 통해 교육 과정을 재구성하고자 시도하였고, 3년째가 되었을 때는 전 교과를 프로젝트 중심으로 꾸려 가는 교사들도 있었다. 이 과정에서 교사들은 동료 교사의 활동을 보면서 많은 것을 함께 배우고 또 도전할 힘을 키우게 되었다.

백원초등학교는 교보교육재단으로부터 환경 교육 사업만을 지원받은 것이 아니라 문화예술교육진흥원으로부터 '예술꽃씨앗학교'로 선정되어 지원을 받았다. 프로젝트 활동에서는 산출물을 만들어 내는 과정이 중요한데, 프로젝트 활동을 통한 아이들의 체험과 발견이 창작 활동으로 풍성하게 연결될 수 있었던 점이 상승효과를 낼 수 있었다고 생각한다.

초등학교에서 프로젝트를 중심으로 수업을 전개하는 것이 어떤 의미가 있을까? 나는 이 질문에 답을 얻기 위해 백원초등학교 선생님 세 분과 인터뷰를 하였다. 그 결과는 아주 흥미로웠는데, 세 선생님 모두 프로젝트 적용의 효과로 자신의 "수업에 흐름이 생겼다"라고 말했기 때문이다. 수업의 흐름이란 어떤 의미일까? 이 질문의 답은 교실마다 붙어 있는 시간표를 보는 것만으로도 쉽게 얻을 수 있다. 현재 학교에서 진행되는 수업은 여러 개의 과목들로 나뉘어 흩어져 있고, 각각의 수업은 40분 단위로 조각나 있다. 그래서 지난 수업에서 다룬 내용과 이번 수업에서 다루는 내용, 그리고 다음번 수업에서 다룰 내용 사이에 연결 고리를 찾는 것이 중요한 과제가 된다. 배우는 내용이 연결되지 않고 조각나는 현상은 같은 과목 내에서만이 아니라 과목들 사이에서도 벌어진다. 이때 프로젝트가 파편화 되기 쉬운 수업들을 이어 주는 실로 작용하였던 것이다. 파편화 된 수업은 이 세계를 분절할 뿐만 아니라 추상화할 수밖에 없다. 프로젝트는 말과 글이 지배하던 교실에 분절되지 않는 흐름으로서의 실제 세계를 가져온다.

프로젝트가 끼어들면 한 과목 내에서뿐만 아니라 과목들 사이에도 강한 연결 고리가 만들어진다. 텃밭 활동을 하기 전 수학 시간에 도형의 면적을 다루고, 텃밭 활동 뒤에 이어지는 국어 시간에 씨앗 심기 경험을 제재로 글쓰기를 한다. 아이들이 키운 채소와 과일은 학교 장터나 상주 시장에서 실제로 팔리기도 했는데 그 과정에서 사회과나 미술과가 슬며시 묶이게 된다. 이런 식으로 한 주가 지나고, 한 달이 지나고, 한 학기가 지나고, 1년이 지나면 선생님의 고백처럼, 수업을 한 것이 아니라 '아이들과 함께 1년을 산 셈'이 된다.

의미는 사건의 계열을 통해 발생하고 맥락 속에서 해석되는 것이다. 조각난 사건은 의미를 만들어 내는 힘이 약하다. 이 작은 학교를 가로지르면서 끊임없이 이어진 프로젝트 사건들은 아이들에게 의미를 생성하고 발견할 수 있는 텃밭을 제공한다. 교사들은 수업에 흐름이 생기면서 교사의 수업 부담은 줄어들고, 시험을 통해서 확인하기는 어렵지만 그렇기 때문에 어쩌면 더 중요하고 놓치기 쉬운 아이들의 변화를 더 잘 발견할 수 있게 되었다고 설명했다. 아마 아이들도 자신들의 프로젝트 경험을 오래 기억할 것이다.

아이들이 배를 키우면서 그린 그림과 이야기로 만든 책, 아이들이 일 년 동안 벼를 키우면서 스스로 감독이 되고 배우가 되어 만든 다큐멘터리, 아이들이 만든 트리 하우스와 공작물들을 다시 보면서 이런 생각이 들었다. '작고 흐르는 것은 아름답다.' 아마 이 말이 진실이라면 '크고 멈춘 것은 위험하다.'고 해야 할까. 권력과 권위는 자신들의 세상을 고체로 만들려고 한다. 질서를 부여하고 차이를 없애고 변화와 생성을 금지한다.

이제 백원초등학교와 맺었던 지난 4년의 기억을 돌아보건대, 높고 깊은 산속 계곡을 흐르는 작은 냇물을 만나서 놀다 온 것 같다. 깊은 숲으로 갈수록 냇물의 폭은 좁아지고 유량도 줄어든다. 그 작은 냇물로는 전기를 생산할 수도 없고, 큰 물고기가 살게 할 수도 없고, 발을 담그고 놀기에도 비좁다. 하지만 작고 흐르는 것들은 '무엇을 위해서'가 아니라 '그 자체'로 변화하며 아름답다. 교육이 국가 경쟁력을 위해 존재한다고 믿는가? 난 아니올시다.

태화강에서
배우다

울산ESD연구회 환경 교육 프로젝트

지속 가능한 '제 2 지구'를 만들어라

시설 투자 없이 학교에서 할 수 있는 지속 가능 발전 교육 모델로 '제2 지구 만들기 프로젝트'
를 제시한 울산ESD연구회 이야기. 영토 분할, 자원 배분, 기반 시설 건설, 자연재해, 에너지
확보 등을 키워드로 제2 지구를 만들어야 하는 전략 시뮬레이션 교구. 교사들의 교구 개발
과정과 교구 활동을 통해 학생들이 변화하는 모습에서 큰 의미를 얻을 수 있다.

태화강은 울산을 만든 강이다. 강은 서북쪽에서 동쪽으로 흘러 바다에 다다른다. 강물은 '영남 알프스'로 불리는 가지산, 백운산, 고헌산, 능동산의 높은 산줄기로부터 왔다. 산이 높으니 골짜기도 깊어 그 품에 기른 물은 본디 차고 맑은 것이었다. 숲을 적시고 산짐승의 목을 축이고 사람의 마을에 와서는 갖은 농작물들을 길러 낸 다음 바다를 살찌우러 가는 게 강물의 오래된 일이었다. 울산의 산과 바다를 잇는 태화강은 일찍이 기름진 삼산평야로 사람들을 불러 모았고, 방어진과 장생포에서 방어와 고래잡이로 문전성시를 이루게 하는 데도 힘을 보탰다. 그렇게 농업과 어업의 근간이던 태화강이 1962년에 울산 공업 단지가 들어서면서부터는 공업 도시의 동력으로 요긴하게 쓰였다. 그때부터 울산은 급속히 팽창하며 부자 도시가 되었다.

　1983년에 처음 나온 《한국의 발견-경상남도 편》에서는 울산을 '근대화의 진열장'이라고 정의하며 이렇게 소개했다.

울산은 공업화의 영광과 상처를 한 몸에 지니고 있는 도시다. 공업 생산의 영광이 빛날수록 공업 오염의 상처가 깊음을 경험한 땅이다. 그 상처가 깊은 만큼 경제 성장, 곧 공업화로 물불 가리지 않고 치달아 온 이 나라의 경제 성장주의가 가져다준 결과를 곰곰이 생각해 볼 수 있는 곳이 울산이다.[*]

책이 처음 나오고 30년이 지난 지금은 어떻게 달라졌을까.

생명의 젖줄이던 강물은 한동안 싼값의 공업용수가 되면서부터 공장 굴뚝에 피어오르는 검은 연기처럼 무한정 쓰고 버려졌다. 사람들은 공장의 기계를 돌아가게 하는 근간에도 강물의 힘이 있다는 것을 미처 깨닫지 못했다. 들판의 벼들이 먼저 쓰러지고, 아이 머리만큼 크고 달며 시원하기로 유명했던 울산 배를 기르던 배나무가 베어질 때도, 은어가 뛰어놀던 강물이 혼탁해지고 악취가 나도 당장 공장이 잘 돌아가는 게 우선이라고 생각했다. 2000년 6월 태화강에 1만 마리 숭어 떼가 허연 배를 드러내고 떠오르기 전까지 모두 그렇게 앞만 보고 달렸다. 이대로 우리 삶이 지속 가능하지 않다는 사실을 적나라하게 보여 준, 태화강의 절규였다.

선진 도시 울산이 공해와 오염 물질의 전시장이 되었다가 결국 생태 환경 도시로 거듭나기 위해 발버둥을 치게 된 것도 태화강 덕분이라 할 수 있다. 1990년대 중반까지 5급수 이하이던 태화강

★ 〈울산시 근대화의 진열장〉, 《한국의 발견-경상남도 편》, 뿌리깊은나무, 276쪽.

의 수질은 이제 전국 주요 하천 가운데 최고 수질을 자랑할 수준이 되었다. 지난 2014년 12월 보건 환경 연구원의 태화강 수질 측정 결과도 연평균 BOD(생화학적 산소 요구량) 농도가 1.1ppm으로 수질 환경 기준 Ib등급인 '좋음(BOD 2ppm 이하)'으로 조사되었다. 이는 전국 주요 하천 BOD 평균 농도와 비교해 보면 한강 1.7ppm, 낙동강 2.1ppm, 금강 2.7ppm, 영산강 3.4ppm 순으로 가장 양호한 수치다.

이것은 한강이나 라인 강의 기적과는 질적으로 다른 '태화강의 기적'으로 불러야 할 것이다. 강을 이용해 경제 성장을 일으켰다는 사실이 중요한 게 아니라 죽음의 문턱에서 되살아 나올 비상구를 찾게 된 것을 높이 평가해야 하기 때문이다. 물론 태화강이 온전히 제 모습을 찾기에는 아직 길이 멀다. 하지만 물고기가 떼죽음을 당했던 강물로 연어가 돌아와 산란할 수 있게 된 것에서 사람들은 희망을 보았다. 그것은 앞만 보고 질주하던 사람들이 걸음을 멈추고 주위를 돌아보게 만들었다. 천천히 더디더라도 사람과 자연이 함께 살아야만 우리 삶이 지속될 수 있다는 사실을 뒤늦게나마 깨달았기 때문이다. 진짜 기적은 이렇게 사람들의 가치관이 변하는 데 있지 않을까.

울산에는 이런 생태적 각성을 교육 현장에서 구현하기 위해 자발적으로 모인 교사들이 있다. 울산ESD연구회가 바로 그들이다. 우선 ESD(지속 가능 발전 교육)이란 생소한 이름부터 들여다보자.

ESD를 이야기하기 전에 먼저 지속 가능 발전Sustainable Development
이라는 단어부터 이해해야 한다. 이 말은 1987년 유엔 '세계환경개
발위원회WCED'가 발간한 브룬트란트Brundtland* 보고서 〈우리 공동
의 미래Our Common Future〉*에서 처음 소개된 개념으로, "미래 세대
의 필요를 충족하기 위한 잠재력을 훼손시키지 않고 현세대의 필
요를 충족시키는 발전"이라고 정의한다. 브룬트란트는 당시 이 보
고서 채택을 주도했던 노르웨이의 수상 이름이다. 결국 공업화와
도시 개발을 위해 마구 쓰고 버려지던 태화강의 죽음을 통해서 깨
달은 것처럼, 지속 가능 발전은 '하나뿐인 지구' 생태계에 대한 위
기의식에서 출발했다.

　우리 삶이 지속 가능한 방식으로 발전을 계속하기 위해서는 근
본적인 변화가 필요하다는 것을 인식하자, 자연스레 교육의 역할이
강조되었다. 2002년 남아프리카공화국 요하네스버그에서 열린 세
계지속가능발전정상회의에서는 '유엔지속가능발전교육10년' 계획
을 합의하게 된다. 지난 2005년부터 2014년까지가 세계가 지속 가
능한 사회를 만들기 위해 함께 노력하기로 약속한 '지속가능발전
교육ESD 10년'이었다. 그런데 그 10년이 다 끝나 가도록 우리에게는
ESD란 단어가 왜 이렇게 생소할까.

　우리 사회에는 지난 2008년 이명박 정부와 함께 출현한 '녹색 성

★ 그는 환경장관을 거쳐 노르웨이 최초의 여성 수상이 되었고, 이후 WHO 총재를 지내기도
　했다.
★ 장소영 외, 〈학교에서 적용 가능한 ESD 프로그램·교구 개발 및 적용 연구〉, 2013년 환경
　교육학회 학술 대회 논문집.

장'이란 단어가 사회 전반을 장악하고 있었다. 울산ESD연구회 교사들의 말을 빌자면 "우리나라도 2006년 지속가능발전위원회가 교육부, 환경부의 협조로 지속 가능 발전 교육 실행 방안을 국무 회의에서 확정하였음에도, 2008년 녹색 성장 선언에 따라 학교 교육에서는 지속 가능 발전 교육의 도입이 아닌 녹색 성장 교육이 우선적으로 시도"되었기 때문이라고 한다. 울산ESD연구회가 처음 꾸려진 것은 2009년, 녹생 성장이란 말의 홍수 속에서 환경 교육을 전공한 동료 교사 세 명이 ESD가 나아갈 바를 고민하면서부터 출발했다.

지속 가능 발전과 녹색 성장은 얼핏 보기에 비슷한 것 같아 보인다. 하지만 근본적으로 '지속 가능'과 '성장' 가운데 무엇을 중시하는가를 생각하면 확연하게 다른 결과를 보인다. 이는 교육 현장에서 환경 교육을 담당하는 전문 교사들 사이에서는 자기 정체성의 위기마저 느끼게 했던 중요한 문제다. 단적인 예로 '4대강 사업'을 어떻게 바라볼 것인가 하는 질문만 던져 보아도 그 고충을 짐작할 수 있다.

태화강은 종종 4대강 살리기 사업의 모델로 홍보되고 있다. 그러나 강물에 보를 설치하는 4대강 사업과는 정반대로 울산은 태화강에서 보부터 철거했다. 울산 시민들은 4대강 사업 이전부터 강물에 유입되는 오폐수를 차단하고, 하천 주변의 오염원을 막는 등 수질 개선을 위한 부단한 노력들을 계속해 왔다. 울산 사람들도 사실과 다르게, 강물마저 정치적으로 이용되는 현실을 묵묵히 지켜보며 생각이 많아졌을 것이다.

생태맹 교사, 숲에서 ESD를 만나다

울산이란 도시가 우리나라 근대화의 명암을 보여 주는 리트머스 역할을 했던 것처럼, 울산ESD연구회 역시 지속 가능 발전 교육이라는 개념이 정립되고 확산에 이르기까지, 한발 먼저 시행착오들을 겪었다. 가장 적극적으로 울산ESD연구회를 꾸려 나간 장소영 교사를 보아도 그런 우여곡절들이 잘 보였다. 그는 개인의 삶이 우리 생태계와 사회 구조로부터 무관하지 않다는 것을 새삼 확인시켜 주는 사람이었다.

장소영 교사는 1980년 울산 중구 옥교동(지금은 중앙동으로 행정구역이 바뀌었다)에서 태어났다. 그는 1998년 진주교육대학교에 진학할 때까지 줄곧 울산에서 자랐고, 2003년 울산 동백초등학교에서 처음 교사 생활을 시작한 이후 지금까지 줄곧 고향에서 살고 있다. 그에게 고향이란, 울산이라는 번화한 도시에서도 한복판을 말한다. 아파트 숲에서 태어나 줄곧 학교 운동장 주위로 고층 건물들이 울을 두른 곳에서 공부했고, 자신과 다를 바 없는 아스팔트 키드들이 모인 교실에서 학생들을 가르치고 있다. 그러나 자라는 동안 도시 생활을 답답하다고 생각해 본 적이 없었고, 나이 들어서도 도시를 떠나 살고 싶은 마음이 없었다. 그는 콘크리트로 만들어진 고향을 당연하게, 또 안온하게 느끼는 세대다.

"제 꿈이 하루 종일 흙 한 번 밟지 않아도 되는 미래 도시에서 사는 거였어요."

그가 태어났을 때 이미 태화강은 울산이라는 도시의 거대한 하수구로 전락해 있었고, 죽음의 강으로 불렸다. 태화강의 지천에서부터 장생포 앞바다까지 탁한 강물은 악취를 풍기며 흘러갔다. 어린 그에게 흙과 강물은 불결한 것으로 보일 수밖에 없었다. 복개된 하천 위로만 걸어 다녔지 강물에 발을 담글 수 있다는 것은 상상조차 할 수 없는 어린 시절을 보냈다.

울산시에서는 그가 태어난 해에 처음으로 하수 처리장 설치 사업 타당성 조사를 시작했다. 태화강의 오염은 공단 지역 폐수뿐만 아니라 중구와 남구 지역에 밀집된 주택 생활 오수의 영향도 컸다. 그도 울산에서 자라는 동안은 자신도 강물에 오염물을 보태는 존재였다는 사실을 알지 못했다. 2003년 그가 고향으로 돌아와 첫 교사 생활을 시작할 무렵, 울산은 태화강 살리기로부터 출발한 환경 운동으로 도시 전체가 달아오를 때였다. 그럼에도 학교 생활에 적응하느라 좌충우돌하던 신입 교사에게, 여전히 강물과 자신의 삶은 별개로 보였다.

"지금도 그때 제자들을 생각하면 교사로서 제 모습이 정말 부끄러워요."

장소영 선생님 자신부터 행복하지 않았던 시절이었다. 아마도 어린 학생들에게 교사의 부정적인 파장이 많이 전달되었을 것이라고 자책도 했다.

"교사로서의 삶에 대한 철학도 스킬도 부족하다고 느껴 괴로워할 때였어요. 우리 반 아이들 모두를 행복하게 해 주고 싶다는 꿈을 가지고 학교에 왔는데, 막상 나 역시 행복이 뭔지도 모르는 바보였어요."

한동안 삶에 낙담한 채로 우울증만 깊어 가던 때, 2006년 교사 생활 4년 차이던 그는 인생에서 새로운 전기를 맞는다. '울산생명의숲'에서 활동하는 외삼촌의 권유로 숲 해설가 양성 교육에 강제로 끌려가게 된 것이다.

흙을 밟는 것도 싫어하고, 풀이나 벌레라면 끔찍하게 생각하는 그의 손을 잡고 함께 숲으로 간 이는 어머니였다. 어머니나 외삼촌에게는 숲이 오래전 울산에서 사라진 시골 풍경처럼 친숙하겠지만, 아파트에서만 나고 자란 장소영 교사에게는 불편하고 두려운 곳이었다.

그런데 이상하게도 하루 이틀 시간이 지날수록 저절로 마음이 열렸다. 낯선 곳을 여행하는 사람처럼 호기심을 자극하는 것들을 향해 한 발 한 발 숲으로 끌려들어 갔다. 숲에서는 매일매일이 다르고 하루에도 시시때때로 변하는 놀라운 세상이 끝없이 펼쳐졌다. 그는 어른이지만 숲에서는 이제 막 걸음마를 떼는 어린아이였고, 학교에서는 교사였지만 자연 속에서는 생태맹이었다. 그래서 오히려 흡수가 빨랐는지도 모른다.

"저는 행복을 글로만 배웠거든요. 그런데 숲에는 예전에 생각하던 행복과는 다른 가치가 있었어요. 그걸 온몸으로 느낀 거죠."

난생처음 맨발로 흙을 밟아 보고, 눈을 감고 풀벌레 소리에 마음을 열어 보면서 새로운 눈이 떠진 것이리라.

하지만 무엇보다 교사인 그를 설레게 한 것은 숲 해설가 교육 과정에서 ESD라는 개념을 처음 만난 것이다. 청주교육대학교 이선경 교수가 진행한 지속 가능 발전 교육에 대한 수업이었는데, 교육의 이상과 현실 사이에서 지쳐 있던 새내기 교사에게 위로와 희망을 주는 내용이었다.

"ESD라고 말만 달라졌을 뿐이지 원래 교사로서 꿈꾸던 이상적인 가치들이 거기 모두 있었어요. 아, 내가 찾던 게 저거구나."

실제로 전문가들은 지속 가능 발전 교육을 "생활의 기초가 되는 지식과 기능이 튼튼하며, 주변의 다양함을 인정하고, 조화와 균형의 전체적 관점에서 판단하고, 실천적으로 행동하는 창의적인 인간을 양성하는 것"이라고 정의한다. 결국 "삶의 질 향상을 위하여 각 분야의 특성을 살리고, 상호 보완하면서 장기적으로 함께 노력하는 인류 전체의 평생 교육"이라는 것이다.

장소영 선생이 숲을 만나 새로운 행복으로 막연히 설레기만 했다면, 숲을 통해 ESD를 만나면서부터는 구체적으로 실현 가능한 길을 찾게 되었다. ESD는 기존 교육과는 다르게 환경과 경제, 사회를 통합해 바라보았고 그로 인해 지구적 맥락에서 세계의 문제와 내가 사는 지역의 문제를 함께 고민하는 눈을 열어 주었다. 무엇보다 함께 사는 이웃과 사회, 생태계 전체에서 자신의 존재 가치를 발견하고 이해하는 데서 출발하는 것이 중요했다.

이전까지 아이들을 행복하게 해 주겠다는 다짐이 교사로서 이름값을 하기 위한 선언적인 말뿐이었다면, ESD는 내가 행복하려면, 내 삶이 지속 가능하려면 무엇을 고민해야 할까, 다시 질문을 던지게 했다.

결국 그는 울산생명의숲이 주관한 숲 해설가 양성 과정을 마치고서, 이듬해 곧바로 한국교원대학교 대학원에 진학해 환경 교육을 전공하면서 ESD를 제대로 공부하기 시작했다. 숲이 교사로서 삶에도 자긍심을 되찾아 준 것이다.

생태맹이던 '어른아이'를 숲 해설가로 만든 울산생명의숲은 '숲을 통해 사람이 만나고, 숲에서 자연을 느끼고, 숲을 위해 인간의 행동이 변할 수 있는 세상을 만들기 위해 시민이 참여하고 꾸려 나가는' 곳이라고 소개한다. 말하자면 장소영 교사가 숲을 통해 행동이 변화한 산증인이었다. 지금 그는 울산생명의숲의 숲 해설가 양성 과정의 강사로도 참여하고 있다. 숲 해설가가 가진 전문성을 유치원생이나 초등학생에게 효과적으로 전달하는 교육 방법에 대해 강의하면서 지역과 학교가 원만하게 교류하도록 돕는 것이 그의 목적이기도 하다.

산업 수도 울산, 공해를 마시고 생명을 품어 내던 숲들이 하나둘 사라진 자리엔 대단위 아파트 단지와 공장들이 들어섰습니다. 주거지 주변의 녹지율은 1%에 불과해 없는 것이나 마찬가지입니다. 그리고 공장에서 배출한 공해로 인한 오염과 더불어 경제 한 파는 울산 지역 경제를 최악으로 몰아가고 있습니다. 더욱 암담한 현실은 겨울에 눈조차 구경할 수 없고 가로수는 낙엽이 지지 않는 울산의 현주소인 것입니다.

1999년에 쓴 울산생명의숲 창립 선언문에는 이런 절박한 이야기들이 실려 있다. '지구 온난화로 인한 기후 변화 협약에서 OECD 가입국인 우리나라가 이산화탄소 배출 감소 의무국에 포함될 경우 화석 연료의 80%를 사용하는 울산은 산업 구조 자체가 붕괴되고 말 것'이라는 암담한 전망까지 내놓았다. 그래서 대안으로 함께 숲을 가꾸고 지켜 나가자는 게 생명의숲 운동의 취지였다.

태화강은 '십리대밭'이 유명하다. 지난 2013년 '제13회 아름다운 숲 전국 대회'에서 '공존상'을 받기도 한 곳이다. 십리대밭은 일제 강점기에 홍수로 강물이 범람하는 곳을 막고자 주민들이 자발적으로 대나무를 심기 시작하면서 만들어진 인공 숲이다.

탄소 배출권 같은 복잡한 용어나 숲을 살리자는 단체들이 등장하기 전에도, 옛 사람들은 자연을 경외하면서 함께 살 방법을 찾아 스스로 숲을 가꾸었다. 그것은 자연과 내가 따로 분리된 존재가 아니라 공동 운명체임을 직감으로 알기 때문에 가능한 일이다.

그러나 태어나면서부터 자연과 격리되어 자란 아이들은 어떤가. 교육의 힘이 없으면 생태적 각성은 저절로 이루어지기 힘들다. 장소영 선생님은 누구보다 그것을 잘 알고 있는 교사였다.

"환경 교육이 가장 절실한 곳이 도시예요. 제가 산증인이잖아요. 바로 저 같은 도시 아이들이 숲을 만나는 게 얼마나 중요한지 누구보다 잘 아니까요."

흥미로운 것은 그가 처음 숲을 만나게 된 2006년은 대통령자문 지속가능발전위원회를 중심으로 ESD 10년 이행 계획이 발표된 해였다.

스무 명에겐 스무 가지 다른 문화가 있다

울산ESD연구회를 만나기 위해 울산행 KTX에 올랐다. 백원초등학교로 가던 시골 간이역의 느린 열차들이 사라진 대신 대도시로 향하는 비싸고 빠른 열차들은 배로 늘었다. 작은 정거장들이 사라지고 대규모 역사를 중심으로 지역의 교통망이 재편되면서 우리의 삶도 점점 더 철길의 방향에 예속되고 있음을 느낀다. 울산으로 가는 빠른 열차 안에서 문득 백원초등학교에 모인 교사들이 우리 교육의 위기에 대항하기 위해 벽지로 숨어든 '빨치산'과 같다면, 도시의 아이들 곁에 남아 있는 울산ESD연구회 교사들은 어떤 모습일까 궁금했다.

울산ESD연구회의 요람 격인 청솔초등학교는 울산시 남구 달동에 있었다. 시청 가까이 대단위 아파트 단지들이 모인 번화한 동네 한가운데다. 달동이란 이름이 남산 12봉의 마지막 봉우리인 은월

봉 아래 자리 잡은 동네라는 뜻에서 왔다는데, 아파트 숲에 가려 멀리 있는 산은 보이지 않았다.

청솔초등학교는 2007년에 개교한 전형적인 도심 학교로, 상주 백원초등학교의 6배 정도 되는 650여 명의 학생들이 공부하고 있다. 먼저 행정실에 들러 방문증부터 발급받았다. 2013년부터 교육 과학기술부 방침에 따라 학부모를 포함한 모든 외부인은 방문증을 착용해야만 학교를 출입할 수 있다. 따로 보안관 실이 있어서 교문 에서부터 원천 봉쇄되는 곳도 있는데, 그래도 청솔초등학교 운동 장은 열려 있었다.

6학년 2반 교실에서 도덕 수업이 시작되었다. 7단원 '다양한 문 화 행복한 세상'에서 오늘의 학습 주제는 '문화란 무엇인가'다. 수 업을 맡은 장소영 교사는 학생들이 생각하는 문화의 정의에 대해 먼저 물었고, 아이들은 제각기 다른 의견들을 내놓았다. 중구난방 으로 쏟아져 나오는 아이들의 이야기를 경청한 교사는 칠판에 주 거, 의복, 음식, 행동, 전통, 생각, 풍습 등의 정리된 개념어로 옮겨 적었다. 곧이어 각자의 눈높이에서 생각하는 문화의 의미가 다른 것처럼 나라마다 지역마다 문화가 모두 다르다는 설명도 덧붙였다.

"우리 이제 책을 다 집어넣고 교구를 통해 알아보자."

장소영 교사는 커다란 교구 상자를 열며 이렇게 말했다. 아이들 은 교과서를 치운다는 것 자체가 즐거운 모양이다. 곧이어 한 모둠 에 네 명씩 책상을 마주 대고 앉은 아이들에게 보드 게임용 판이 하나씩 나누어졌다.

폼 보드로 만든 사각형 판에는 위쪽에 산지가, 아래쪽에 바다 그리고 가운데로 산과 바다를 잇는 강이 단순하게 그려져 있었다.

"이 판은 앞으로 여러분이 살게 될 땅이에요. 오늘은 우선 여기 마을을 만들기 위해 각자 영토를 나누어 볼 거예요."

장소영 교사는 모둠마다 색 테이프를 하나씩 나누어 주며 말했다. 서로 토의해서 자유롭게 영토를 분할하는 대신 각각의 영토에 산과 강, 바다를 모두 포함해야 한다는 조건이 붙었다.

아이들은 판 위에 색 테이프를 떼었다 붙였다 하기를 반복하며 갑론을박을 벌였다. 교실은 금세 소란스러워졌다. 군데군데 혼자 목소리가 큰 아이들이 있지만, 영토 분할 결과에 대해 구성원 모두가 동의하고 만족해야 한다는 전제 조건 때문에 어떻게든 친구를 설득하려고 애쓰는 모습이 보였다. 제아무리 똑똑하고 자기주장이 강하다고 해도 상대를 이해시키지 못하면 소용없는 게임이었다. 교사는 아이들의 토의 과정에 조금도 끼어들지 않았다.

"자, 다 마친 모둠부터 한번 볼까요? 얘들아, 우리 다 같이 모여서 들어 보자."

첫째 모둠은 보드 정중앙에 있는 강 한가운데를 중심으로 사선 네 개를 교차시켜 8개의 삼각형으로 구역을 나누었다.

"구역이 8개네. 어떻게 나누어 가질 건대?"

강은 면적이 다를 뿐 크고 작은 8개의 삼각형 속에 조금씩 포함이 되었고, 산만 있는 삼각형과 바다만 있는 삼각형이 4개씩 나누어져 있었다. 산과 강이 있는 삼각형들을 하나씩 나누어 가지면

된다는 게 아이들의 생각이었다. 전체 면적은 고려의 대상이 되지 않았다.

"그래? 그럼 여기 땅이 제일 좁은 곳은 누가 가질 건대? …불만 없나? 진짜 괜찮나?"

교사의 질문에 아이들은 머리를 긁적였다. 하지만 이만큼 합의해 낸 것도 너무 힘들었다는 듯 이내 괜찮다고 답했다.

"그럼, 다음 모둠 한번 볼까?"

둘째 모둠은 사각형 윗변과 밑변을 잇는 직선 세 개를 그어 사다리꼴로 단순하게 네 등분을 해 놓았다. 그런데 맨 가장자리 한쪽 영토에는 강이 포함되지 않았다.

"여기 강이 없는 사람은 어떻게 살라고? 여기 누가 가질 건대?"
교사가 물었다.

"저요. 전 바닷물 정수해서 쓰면 돼요."
의기양양하게 대답을 한 학생에게 교사가 다시 물었다.

"진짜? 힘들 텐데? 여기 아무것도 없는 데서 새로 시작해야 하는데 당장 먹을 물이 없으면 우야노?"

잠시 머리를 긁적이던 학생이 이렇게 답한다.

"이웃 나라랑 무역을 하면 되죠?"

"그래? 다른 사람들은 아쉬울 게 없어 보이는데……."

교사는 '그러면 어떻게 할 것인지'를 자꾸 묻기만 했다. 갈등의 소지가 있어 보이는 것을 끄집어내 다른 생각들끼리 충돌을 유도하기도 했다.

이렇게 영토를 나눈 것에 대해 과연 한 사람도 불만이 없는가, 계속 되물으면 스스로 잘못된 부분을 발견하고 서로 해결책을 찾기 위해 토론을 더 할 수밖에 없었다. 교사의 질문을 듣고 있던 아이들 중에 "전쟁을 해서 강을 뺏으면 된다."는 의견도 나왔다. 교사는 "그래? 그래서 진짜 전쟁이 나는 거구나!" 하면서 맞장구를 칠 뿐 안 된다고도 말하지 않았다. 장소영 교사는 어떤 결론도 내지 않았고, 아이들과 함께 새로운 모둠으로 이동해 6개 모둠의 발표를 꼼꼼하게 들었다. 수업 시간이 많이 모자랐다. 종이 울렸는데도 아이들은 다른 모둠이 궁금해 자리를 뜨지 않았다.

똑같은 보드게임 판을 가지고서 어쩌면 그렇게 다양한 방법으로 영토를 나누는지가 놀라웠다. 장소영 교사는 반마다 학년마다 제각각이어서 거의 똑같은 모습이 나오지 않는다고 말했다. 그리고 20명의 학생들이 있으면 20가지 서로 다른 문화가 존재한다는 것을 스스로 깨닫는 과정이라고도 덧붙였다.

제2 지구로 이동하라

수업에서 쓰인 보드게임 판은 울산ESD연구회 교사들이 개발한 '제2 지구 만들기 프로젝트' 교구였다. 본래 8주에 걸쳐 진행되는 'ESD 창의인성교실'에서 사용하는데, 도덕 과목에서 문화의 다양성을 주제로도 활용할 수 있었다. 도덕 수업에서 학생들이 모둠원과 함께 수행한 '영토 분할하기'는 '제2 지구 만들기' 게임의 첫 번째 미션이기도 하다.

인류는 지구 온난화로 인한 이상 기후 현상 등 지구의 여러 가지 문제로 더 이상 지구에서 살 수가 없게 되었습니다. 다행히 많은 탐험대와 과학자들을 우주로 보내 지구와 똑같지만 아직 전혀 개발되지 않은 행성을 발견하게 되었습니다. 우주로 나가 살게 될 지구인을 이끌게 될 여러분은, 새롭게 만난 이 행성을 모든 사람이 만족하며 행복하게 살 수 있도록 만들어야 합니다. 자, 이제 여러분의 손에 인류의 생존이 달렸습니다. 어떤 선택을 할 것인가요?

이제 곧 거대한 해일이 몰려온다. 마지막으로 지구를 출발하는 우주선에 오르기 전에 각자 누구를 데려가고 무엇을 가져갈지 선택해야 한다. 현대판 노아의 방주를 준비해야 하는 셈이다. 1인당 3명을 데려갈 수 있는데, 어떤 직종의 사람과 함께 가야 새로운 별에서 생존하는 데 유리할까. 새로 정착해 살게 될 제2 지구는 물, 공기, 태양, 바람, 흙만 있는 곳이다. 이제부터 조물주처럼 학생들이 직접 새로운 세상을 설계해야 한다.

미션은 '영토를 분할하라, 아이템을 구입하라, 광장을 설치하라, 도로를 정비하라, 에너지원을 확보하라, 물을 확보하라, 이웃에 도움의 손길을, 폐기물을 처리하라' 순으로 모두 8단계를 거친다. 게임에 익숙한 아이들에게는 재미있는 놀이로 보였다.

산과 강과 바다로 이루어진 제2 지구에서 영토를 분할하라는 첫 번째 미션을 수행해 모둠원들끼리 모두가 만족한다면 엑스트라 코인을 받게 된다. 이제 동일하게 지급된 2만 코인으로 각자 유니버셜 쇼핑센터에서 필요한 아이템들을 구매할 수 있다.

그런데 여기에서부터 참가자들의 고민이 시작된다. 각각의 물품들마다 이산화탄소 배출량이 표시되어 있기 때문이다. 지금 당장 생존에 필요한 물품이라고 해도 새로운 지구가 지속 가능하게 하려면 환경에 끼치는 영향을 고려할 수밖에 없다. 결국 참가자들은 자신이 구입한 물품들의 탄소 배출량을 상쇄하려면 식물이 필요하다는 사실을 자연스럽게 알게 된다. 예를 들면, 참나무는 비상식량과 비교하면 당장 쓸모가 없어 보이는데도 값이 비싸다. 하지만 탄소 배출량이 -500점이기 때문에 구입 가격보다 다시 팔 수 있는 가격이 높게 책정되어 있다. 유니버셜 쇼핑센터에 있는 모든 물품들에는 각각의 탄소 배출량에 따라 구입 가격과 되파는 가격이 책정돼 있다.

처음에는 탄소 배출량을 고려하지 않고 비상식량으로 아이들이 몰리기 때문에 의견 충돌이 일어나기도 한다. 때론 인기 아이템을 독점하려는 사람으로 인해 모둠원 사이에 언성이 높아지기도 한다. 이런 갈등도 중요한 배움의 과정이다. 게임을 계속하기 위해서는 서로 노력해 합의를 이끌어 내야만 하기 때문이다.

생존에 필요한 물품들을 구입해 드디어 새로운 별에 정착하게 되면 본격적인 사회생활이 시작된다. 필요한 물건을 더는 구입할 수 없을 때는 모둠원과 물물 교환을 해야만 한다. 시장 기능을 할 공공 구역으로 광장을 설치하라는 새로운 미션이 주어지고, 이후 각자의 영토에 가지고 있는 물품으로부터 발생하는 폐기물 양도 계산해야 한다. 이제부터는 모든 활동에 수반되는 폐기물을 자기 영토 안에 쌓아 두어야 한다.

필요에 의해 도로를 건설하지만 이 역시 생태계를 파괴하기 때문에 지혜를 모아야만 한다. 모두가 혼자 힘으로는 해결할 수 없다. 각 모둠별로 전체 탄소 배출량이 400점이 될 때마다 탄소 온도계가 1도씩 올라가면서 경고 표시로 빨간 자석을 붙이기 때문이다. 정해진 공간에 빨간 자석이 가득 차면 더는 제2 지구에서 생물이 살 수 없기 때문에 결국 모두의 미션은 실패로 돌아간다.

단계를 높여 갈수록 게임은 흥미진진해진다. 도로를 세우고, 생활에 필요한 각종 기반 시설을 설치하면 살기는 편해진다. 하지만 그만큼 탄소 배출량은 늘어나고 지구 온도는 상승하게 된다. 그러면 강력한 벌칙이 적용된다. 예를 들면 바닷물 온도가 계속 상승

하면 자신이 가진 물고기를 모두 반납해야 하는 시점이 찾아온다. 빨간 경고 자석이 8개에 다다르면 바닷물 온도 상승의 영향으로 지진 해일이 일어난다. 그러면 바닷가 인근에 있는 모든 아이템을 반납해야 할 수도 있다.

교사는 의도적으로 다양한 자연재해를 일으키기도 한다. 이제 파괴된 자연환경 속에서 다시 마을을 재건하려면 서로 힘을 모아야 한다. 이웃을 도와주면 새로 엑스트라 코인을 받을 수 있지만, 도움을 주지 않는다면 물난리로 떠내려온 폐기물을 대신 받아야 한다. 탄소 배출량 증가로 전체 온도가 10도 이상 상승하거나 폐기물이 20개 이상이 되면 제2 지구 만들기 프로젝트는 실패한다. 아이들은 성공과 실패에서 모두 배운다.

제2 지구 만들기에서 기억에 남은 미션은 바로 '폐기물을 처리하라'이다. 왜냐하면 우리 조 중에서 내가 폐기물이 제일 많았기 때문이다. 그래서 잔액을 전부 써서 나무를 사고, 다른 형의 돈을 빌려서 폐기물을 처리했다. 결국 우리 조는 폐기물을 모두 없애 버렸다.

ESD 창의인성교실 참가 학생_주○○

땅을 나누는 것부터 무엇인가를 사는 것까지 모둠 친구들이랑 의논을 해서 삽니다. 그 물건에 따라 폐기물도 함께 나옵니다. 이제는 그 폐기물을 없애야 합니다. …그래서 저는 지구에 있는 모든 물건과 생명은 소중하다고 느꼈습니다. 저는 앞으로 예전의 저 같은 아이들에게 말할 것입니다. 이 세상에 있는 것은 자연이 우리에게 준 것이므로 함부로 다루지 말자고 말입니다.

ESD 창의인성교실 참가 학생_전○○

울산ESD연구회가 만든 'ESD 창의인성교실'은 지난 2011년 청솔초등학교 5학년 학생들로부터 처음 시작되었다. 희망자 24명을 대상으로 매주 토요일 8주간 총 32차시 수업이 이루어졌는데, 여덟 차례에 걸친 '제2 지구 만들기' 게임을 진행하는 동안 생물 다양성과 생태계, 탄소 나무 계산기를 활용한 우리 집 에너지 절약 생활, 여천천 탐사와 수질 검사, 천연 세제 EM 발효액 만들기, 햄버거 커넥션 등 다양한 주제의 프로젝트 수업이 함께 펼쳐졌다.

아이들은 자기 집 관리비 고지서를 들여다보며 집에서 쓰는 전기와 난방 연료 등으로 배출되는 탄소가 지구에 끼치는 영향을 직접 계산해 보았고, 학교 앞 담장을 따라 흐르는 태화강의 지류 여천천에 나가서 직접 수질 검사를 해 보기도 했다. 수질 오염을 줄이기 위해 스스로 천연 세제를 만들어 써 보기도 했다.

이처럼 프로젝트 수업을 통해 배운 환경에 대한 지식들은 직접 새로운 세상의 설계자가 되는 제2 지구 만들기 시뮬레이션 게임을 진행하는 데 실질적인 도움을 주었다. 게임에서 부딪히는 여러 난관들 앞에서 아이들은 합리적으로 문제를 해결하기 위해 모둠원들과 대화하고 타협해 나갔다. 각각의 미션을 수행하면서 지속 가능

한 세상을 위해 어떤 노력들을 해야 하는지 알게 되는 것도 중요하다. 하지만, 진짜 중요한 목표는 스스로 서로 돕는 일의 즐거움을 게임을 통해 알아 가는 것이었다. 아이들의 소감문에서도 그런 생각들이 두드러졌다.

제2 지구 만들기 프로젝트가 재미있었던 이유는 할 때마다 주어지는 미션을 통과할 때 뿌듯하고 기분이 좋아졌기 때문이다.

나도 모르게 자신감도 생기고 친구들과 협력하는 과정에서 많이
배웠다. ESD 수업을 통해 많은 것들이 좋아진 것 같다. 어떤 문
제가 주어져도 겁먹지 않고 해 보려는 의지가 많이 생겼고 관찰
하는 힘, 생각하고 연구하는 힘이 많이 생긴 것 같다. 그리고 일
상생활에서도 환경과 자연을 많이 생각하게 되었다.

제2 지구 만들기 수업 참가 학생_ 최○○

제2 지구 만들기 수업에서 여러 가지 미션 수행을 하며 협동
심도 기를 수 있는 좋은 기회였던 것 같다. 이 활동을 할 때 우리
모둠에서 가장 좋았던 점은 마을, 개인을 위해 돈을 사용할 때
다툼 없이 서로 도와 가며 공평하게 돈을 나누어 내면서 갈등의
문제가 전혀 없어서 좋았다. (……) 무엇보다도 지구와 같은 행성
을 찾거나 만들기 어렵기 때문에 우리가 살고 있는 지구를 아끼

고 소중히 생각해야 한다는 것을 알았다.

제2 지구 만들기 수업 참가 학생_정○○

'ESD 창의인성교실'은 처음 출발할 때부터 학생들에게 인기가 높았다. 5학년 학생을 대상으로 첫 회 20명을 선착순으로 모집했는데, 공고를 내보낸 당일 바로 정원이 마감되었다. 전체 5학년 학생 120명 가운데 63명이나 참가 신청을 했으니, 자연히 탈락한 학생과 학부모들 사이에서 볼멘소리가 터져 나왔다. 1기 프로그램을 마치자 참가자들의 입소문 때문에 'ESD 창의인성교실'에 대한 관심은 더욱 뜨거워졌다.

결국 연구회 교사들은 누구나 쉽게 'ESD 창의인성교실'을 만날 수 있도록 교구와 프로그램을 매뉴얼화 하고, ESD 교사 연수 프로그램 확대를 위해 노력해야 했다. 하지만 아무런 인센티브도 없이 열정만으로 매달리는 일이 힘에 부칠 수밖에 없었다. 수업에만 열중하고 싶은 교사들이 다른 학교와 교육청을 상대로 협조 공문을 보내고 하는 등의 제반 형식적인 절차들을 통과하는 과정들 때문에 특히 어려움이 많았다. 그래도 교사들은 'ESD 창의인성교실'을 응원하는 학생과 학부모들 덕분에 포기하지 않았다. 결국 2012년부터는 '푸른울산21환경위원회'와 함께하면서 울산에 있는 다른 초등학교 5, 6학년 학생들을 대상으로 프로젝트 수업을 확대해 나갈 수 있었고, 그해 8월에는 환경부 인증 환경 교육 프로그램으로 선정되었다. 'ESD 창의인성교실'은 현재 유네스코지속가능발전교

울산ESD연구회 | 태화강에서 배우다 103

육 공식 프로젝트 인증까지 받았다.

울산ESD연구회는 2009년 환경 교육을 전공한 초등학교 교사 세 명의 공부 모임에서 출발했는데, 2013년까지 울산 지역 300여 명 이상의 교사들에게 ESD를 알리는 선구자 역할을 했다. 장소영 교사는 처음 'ESD 창의인성교실' 프로젝트 수업 프로그램을 완성할 때까지 동평초등학교 이소영, 야음초등학교 김아현, 명촌초등학교 박선영, 남외초등학교 양경진 등의 연구회 교사들과 6개월 동안 매주 한 차례 이상 만나 회의를 계속했다고 했다. 서로 다른 학교에 근무하는 교사들이다 보니 바쁜 일상을 쪼개 지속적으로 시간을 내는 일이 쉽지는 않았다. 하지만 같은 방향을 바라보며 고민을 함께 나누는 사람들이 있다는 것만큼 큰 즐거움이 없었다. 진정한 지속 가능 발전 교육은 교사들끼리도 서로 배우고 격려하는 생활이어야 했다는 것을 배웠기 때문이다. 특히 '제2 지구 만들기' 교구를 완성하기까지의 지난한 과정이야말로 연구회원들에게는 가장 뜻깊은 배움의 시간이었다.

"처음엔 아이들이 좋아하는 유희왕 카드를 보면서 궁금했어요. 왜 저걸 저렇게 열심히 할까. 선생님이 카드를 뺏으면 문제아들도 장화 신은 고양이 눈을 하고 와서 사정을 하거든요. 그래서 그 게임을 분석하기 시작했어요."

장소영 선생은 교사가 먼저 아이들 눈높이에서부터 게임을 이해하려고 하자 그곳에서부터 새로운 배움이 시작되었다고 했다.

"아이들이 좋아하는 게임을 학습에 적용해 보면 어떨까요?"

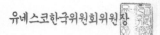

혼자 구상만 하던 것을 울산ESD연구회 교사들과 머리를 맞대자 구체적으로 실현 가능한 일이 되었다. 가상 도시를 건설하는 시뮬레이션 게임을 통해 재미있게 지구 온난화에 대해 학습할 수 있으면 좋겠다는 데로 마음이 모아지자 아이디어들이 쏟아지기 시작했다. 지구를 위해 이로운 일을 하거나 위기 상황에서 문제 해결을 하면 아이들 언어로 '득템'하듯 코인을 받고, 벌칙으로는 폐기물을 떠안게 했다. 그리고 교사들 스스로 게임의 주체가 되어 다양한 실험을 반복하면서 보다 나은 결과를 만들어 냈다. '제2 지구 만들기' 게임은 그렇게 탄생했다.

"저는 '생명의숲'을 통해 신세계를 발견했지만, 교실에서 매일 마주치는 우리 아이들에겐 자연이 너무 멀리 있잖아요. 컴퓨터 게임밖에 모르는 도시 아이들에게 자연의 소중함을 일깨워 주려면 방법이 달라야 한다고 생각했어요."

울산ESD연구회 교사들의 고민은 시골 들판에서 자라는 아이들과 아스팔트 위의 아이들이 누리는 환경이 다르다는 것을 인정하는 것에서부터 출발했다. 모든 선생님들이 아이들을 데리고 지속적으로 숲으로 들로 체험 활동을 떠날 수 없다면, 먼저 누구나 쉽게 교실에서부터 시작할 수 있는 방법을 찾아야 하지 않을까. 자신이 처한 환경을 탓하기만 할 것이 아니라 차이를 인정하고 포기하지 않으면 언제 어디서든 새로운 길이 보인다고.

물론 모든 교사들이 ESD를 만났다고 해서 이들처럼 열정적으로 변할 수는 없을지도 모른다. 하지만 'ESD 창의인성교실' 프로젝트 수업을 통해 학생들을 만나면, 아이들에게는 어떻게든 새로운 희망의 씨앗이 전파되리라는 믿음이 있었다.

아이들이 아니라 교사가 먼저 변했다

장소영 선생에게 교육 현장에서 ESD와의 만남 이전과 이후 교사 개인의 삶에 구체적으로 어떤 변화가 있었는지를 물었다. 그는 고개를 갸우뚱거리며 한동안은 잘 모르겠다고 했다. 그리고 한참이 지나 조심스럽게 운을 떼었다.

"요전에 우리 반에 어른처럼 행동하는 아이가 있었어요. 자기는 이미 세상을 다 알고, 모든 세상은 돈으로만 움직인다고 생각하는 아이였어요. 만약 그 아이를 제가 2009년 이전에 담임을 했었다면 분명 우리 반 문제아가 되었을 거예요."

예전에는 서로 다른 아이들이 모인 교실에서 다 같이 균형을 이루어 가야 한다는 생각을 미처 하지 못했기 때문이라고 했다. 예로 든 학생은 사사건건 "에이 선생님, 그건 이래요." 하면서 수업을 방해했다. 예전 같으면 그에게 야단을 많이 맞았을 타입이었다. 그러나 지금은 "어, 그렇게 생각할 수도 있겠네!" 하면서 먼저 이야기를 들어 준다고 했다. 이제 그는 반 아이들 누구도 상처받지 않게 하려고 마음을 쓰고 있었다. 어쩌면 과거의 자신은 자꾸 남 탓을 하고 있었다고 느끼는 것 같았다.

"옆 자리의 친구가 뭘 안 가져오면 '빌려주는 데 100원!'이라고 조건을 거는 아이예요. 예전 같으면 그러면 안 된다고 야단부터 쳤을 텐데……. 요즘 저는 '너, 나중에 진짜 부자 되겠다.'고 맞장구를 쳐 줘요. 그러면 아이는 더 그럴 것 같은데 실제로는 그렇지 않아요."

어느 순간 반 아이들로부터 그 친구가 달라졌다는 이야기가 들려왔다. 실제로도 아이가 교사를 바라보는 눈빛도 달라졌다. 친구들 사이에 따돌림을 당하던 아이가 어느덧 친구들 사이에 물처럼 섞여 어울리는 모습을 볼 수 있었다. 장소영 교사는 그때 깨달았다.

"학생들은 자기가 사랑받고 있다고 느끼는 것 같았어요. 그러니까 사실은 아이들이 달라진 건 없는지도 모르겠어요. 제가 바라보는 시점에서 아이들이 달라 보인다는 것은 결국 제 자신이 바뀐 거였어요."

그는 마치 교사로서 인생에 대해 고해 성사를 보는 것처럼 말했다. 눈가가 촉촉해졌다.

"사실 신입 교사 시절 제가 맡은 반 아이들이 늘 꼴찌를 하는데

도 그땐 저 때문이라고 생각하지 않았어요. 성적은 학원이 올려 주는 거지 담임이 무슨 힘이 있나 하는 자괴감도 있었던 것 같아요."

그는 ESD를 만나기 전과 후에 담임을 맡았던 학생들을 대하는 태도에서도 자신의 변화를 차근차근 돌아보았다. 그는 교사로서 원래 공부를 열심히 하라고 채근하는 스타일이 아니라고 했다. 그런데 요즘은 반 아이들이 수업 분위기도 좋고 성적도 우수하다고 했다.

"해마다 아이들은 비슷하거든요. 그렇다고 제 수업도 크게 나아졌다고 생각하지 않는데도 이상하죠. 왜 그럴까?"

그것이 정말 ESD의 효과일까. 그는 자신을 둘러싼 변화의 비결이 무엇일까 스스로에게 자꾸 질문을 던져 보았다. 사실 학교의 반 편성이라는 것은 예나 지금이나 늘 고르게 이루어지고 있었다. 아이들의 구성도 크게 다르지 않았다. 어떤 결정적인 계기도 없었다. 그렇다면 무엇이 달라졌을까.

"굳이 달라진 게 있다면 제가 아이의 현재만 보는 게 아니고 그 다음에 어떻게 될까를 항상 고민하는 것 같아요. ESD에서는 개인의 과거와 현재 미래가 똑같이 중요하다고 보거든요. 그래서 늘 아이들에게 자꾸 질문을 던지게 돼요."

사실 수업을 하면 학생들이 말끝마다 "왜요?"를 말꼬리처럼 달면서 장난을 하는데, 지금은 그가 더 많이 묻는다고 했다. '지금은 이런데 나중에는 어떻게 될까?' 아이들이 잘못한 일이 있어도 야단을 치는 것이 아니라 '그래서 그다음엔 어떻게 하려고 그랬니?'

하는 식으로, 자꾸 이후에 벌어질 상황에 대해 질문을 던지는 게 습관이 되었다.

"자꾸 물어보니까, 지금 공부를 안 하면 나중에 어떻게 될지 아이들이 알았나?"

장소영 선생님은 이렇게 말하면서 그냥 웃기만 했다. 사실 정답은 없는 것 같다고 했다.

지속 가능 발전 교육의 범주에는 환경과 평화, 인권, 소비자 교육, 생물 다양성, 성평등, 다문화, 시민 교육 등 다양한 주제들이 포함되어 있다. 그렇지만 이렇게 다양한 행동과 사고방식을 가르치는 교육적 수단으로써만 ESD가 중요한 것은 아니다. 장소영 교사 개인에서 볼 수 있듯이 지속 가능 발전 교육은 교육 주체가 먼저 스스로의 교육에 대해 성찰하는 자세를 중요하게 바라본다. 그래서 지속 가능 발전 교육에 대한 연구자들도 "자신이 살아가는 세계를 비판적으로 생각하고 성찰적으로 점검하여 스스로 삶의 대안적 방식을 결정할 수 있는 역량을 길러 주는 교육으로 보는 경향이 늘어나고" 있다고 말한다.

ESD는 계속 질문을 던진다고 했다. 왜 그럴까. 그런데 장소영 교사는 단순히 왜라고 남에게 묻기 전에 먼저 자신에게 물었다. ESD는 지속적인 흐름이 중요한데, 그 흐름을 제대로 이해하려면 변화의 중심에 자기 자신이 바로 서 있어야 한다고 생각했다. 그러나 결코 혼자 힘으로 가능하지 않다는 것도 알았다.

강물의 흐름은 뒤 물결이 앞 물결을 자꾸 밀어내야 마침내 먼

바다에 다다를 수 있는 것처럼 작은 물방울들은 하나로 뭉쳐야 힘을 낼 수 있다. 그래서 대학원을 졸업하고 학교로 돌아오자마자 마음 맞는 교사들과 함께 울산ESD연구회를 만든 것이다. ESD를 제대로 이해하면 교실이 변할 수 있다는, 아니 교사가 먼저 행복해질 수 있다는 믿음이 있었기에 손을 내미는 일이 어렵지 않았다. 그가 먼저 변화의 즐거움을 오롯이 느꼈기 때문에 누구에게도 자신 있게 말할 수 있었다.

태화강이 울산의 변화를 이끌어 왔듯, 태화강변에서 자라난 아이가 ESD를 믿고 실천하는 교사가 되어 교육이라는 거대한 물결 속에서 꿈꾸는 작은 물방울이 되었다.

글 김선미

학교 환경 교육에서 '행복한 나'로

장소영

아직도 학교에서 '환경 교육'이라는 업무 분장은 환경 정화와 상통하는 곳이 더 많을 것이다. 이제는 좀 바뀌었겠지 하는 기대로 각 학교의 환경 교육 업무 추진 계획을 보면, 아쉽게도 환경 교육은 환경 정화 및 분리 배출에 관한 업무가 주였다. 이를 두고 환경 교육이 감히 시대에 뒤떨어진다고 말해서는 안 될 일이다. 오히려 학교 환경 교육에서 앞으로 내가 할 일에 대해 더욱 마음을 다잡을 일이다.

학교 업무 분장 속 환경 교육의 의미가 아닌, 환경에 관한 소양과 능력을 갖추고 책임 있는 시민으로서 역할을 중시하는 의미로서 환경 교육이 학교에 정착하려면 과연 어떤 노력이 필요할까. 환경 교사 혹은 환경 교과 필수화와 같은 제도의 도입? 환경 교육 교사 연수? 환경 교육 교구 및 교재 개발? 아니면 국민 모두의 의식 변화를 위한 국가적인 정책?

위와 같은 방법들은 사회 환경 교육 관계자와 대학에서 이미 시도를 해 왔고 그 결과, 사람들의 의식이 조금씩 변하고 있음을 느끼지만 과연 앞으로도 환경 교육은 중요해질 수 있을까?

사실 대부분의 국민들은 환경 교육의 필요성은 느끼고 있다. 하지만 개인 삶의 변화는 도모하기 어려운 것 같다. 왜냐하면 우리는 철저하게 인과 중심의 논리와 합리적인 사고를 바탕으로 한 교육 과정을 거쳤기 때문이다. 하나뿐인 지구이기는 하지만 내가 '독수리 오 형제'가 아닌 이상 지구를 구할 힘은 없을 것 같아 의지가 약해진다. 사라져 가는 빙하는 전 지구인이 100년간 내뿜은 온실가스에 의해서라는데 내가 앞으로 50년간 온실가스 배출을 하지 않는다고 해도 과연 온난화가 멈출지 과학적으로 아무도 답해 줄 수가 없다. 따라서 환경 교육은 제시된 문제가 너무 크고 문제 해결을 위한 동기 유발이 어렵다고 생각한다.

이에 대한 대안으로 '지구적으로 생각하고 지역적으로 행동하자 Think Globally, Act Locally!'라는 말이 있다. 여기서 좀 더 범위를 줄여서 환경 교육은 '나부터'라고 생각한다. 내가 건강해야 하고, 내가 행복해야 하며, 내가 지속 가능한 경제력을 가져야 주변의 문제를 해결할 동기가 유발된다는 것이다. 행위의 주체인 내가 실행에 옮길 수 있는 환경적 여유가 되어야 하니까 말이다.

그런 의미에서 환경 교육에서 가장 중요한 것은 주변을 둘러볼 수 있는 여유, 즉 개인을 둘러싼 환경에 의해 정해지는 행복도일 것이다. 그런데 우리 사회는 행복의 조건이 너무 높은 것이 아닐까? 부모로서 교사로서 우리가 아이들에게 요구하는 행복의 조건은 정말 모든 아이들이 도달할 수 있는 것인지 생각해 볼 필요가 있다.

업무 분장에 환경 교육 업무가 환경 정화이든 분리수거이든 그것이 중요한 것이 아니다. 우리는 교육의 기본에 충실하면서 모든 학생들이 행복할 수 있는 여유를 (제공하는 것보다도) 느끼게 해 주어야 한다. 마치 원죄와 같이 태어나자마자 환경 오염이라는 문제를 주고 해결하도록 하는 것이 아니라 나는 행복한 사람이고, 너도 나처럼 행복할 자격이 있고, 그들도 행복할 자격이 있다는 것을 인식하는 것이 환경 교육의 시작이 되어야 하는 것이 아닐까 생각해 본다.

교보교육재단에서 후원한 학교환경교육지원사업을 3년간 진행하면서 나는 삶에 대한 태도가 조금 바뀌었다. 가진 것에 감사하는 것, 나에게 만족하는 것, 있는 그대로 보려고 하는 것, 그렇지만 최선을 다하는 것. 시작은 북극곰과 사라지는 빙하로 초등학생들에게 지구의 위기를 알리며 행동의 변화를 종용한 것이었다면, 지금은 우리 사회의 지속 가능한 행복을 위한 개인의 행복할 권리에 대해 더 알리고자 노력하고 있다.

그동안 학교환경교육지원사업을 후원해 준 교보교육재단 이중효 이사장님, 서승만 국장님, 송헌석 과장님 그리고 교보교육재단 모든 관계자 분들께 깊은 감사의 말씀을 드리고자 한다. 아울러 사업 기간 내내 멘토로서 격려와 조언을 아끼지 않으셨던 남영숙 교수님, 이선경 교수님, 이재영 교수님께도 감사의 말씀을 전하고 싶다. 마지막으로 우리 울산ESD연구회 멤버들에게도 모두 수고했다는 말을 이 자리를 빌려 남기고자 한다.

성과와 아쉬움을 딛고 든든한 버팀목으로

남영숙

울산ESD연구회에 대한 회고를 하기 전에, 내가 만나게 된 지속 가능 발전 교육은 1999년 내가 한국교원대학교로 임용되어 처음으로 환경 정책과 교육을 연계하여 관심을 갖게 된 주제였다. 대학교로 이직하기 전에 나는 환경 정책을 분석하고 개발하는 정부 출연 기관에서 6년 동안 연구 활동을 하였다. 이때 지속 가능 발전에 대한 국제적 동향을 연구, 조사하고 이에 대한 우리나라의 대응 방안을 강구하기 위해 많은 논의들이 다양한 정책 영역에서 활발하게 진행되었다.

그러던 가운데 교원 양성 대학인 우리 대학교로 임용되면서 지속 가능 발전과 교육을 연계하여 자료들을, 문헌들을 조사 분석하던 중에 독일 베를린자유대학교 더 한De Haan 교수가 독일 연방 정부와 15개 연방 주정부의 예산 지원하에 지속 가능 발전 교육 체계를 구축하는 대형 프로젝트의 총괄 책임자로 있는 것을 알게 되었다.

우리나라에서는 ESD에 대한 논의가 활발하지 않던 터여서 독일의 지속 가능 발전 교육 사례들에 대한 궁금함을 갖게 되었다. 그러던 중 1999년 12월에 한국과학재단과 독일연구협력학회Deutsche Forschungs Gesellschaft 간에 진행하던 국제 교류 프로그램에 선정되어 더 한 교수의 초청을 받아 방문 연구의 기회를 얻었다.

방문 연구를 하던 중에 나는 다양한 학교에서 지속 가능 발전 교육의 사례들을 탐방할 기회를 갖게 되었다. 베를린, 슈투트가르트, 도르트문트 등지의 지속 가능 발전 교육 인증 학교들을 방문하면서 교사들과의 만남도 이루어지게 되었다. 뿐만 아니라, 더 한 교수의 연구실에서는 목요일 오후마다 ESD 프로그램을 진행하는 학교의 교사들이 정기적으로 모여 ESD 전문가의 자문을 구하거나 서로의 경험을 교류하는 시간을 갖곤 하였다. 교사들과 면담에서 그들은 ESD를 통하여 교사의 어려움과 다양한 오류 등의 경험을 허심탄회하게 나누면서 문제 해결의 지혜와 비결을 얻어 가곤 하였다. 독일 학교에서의 이러한 경험은 학교 환경 교육 멘토링 프로그램 참여에 도움을 주는 계기가 되었다.

울산ESD연구회는 환경 교육 지원 프로그램을 진행하면서 다양한 성과를 이루어 냈다고 생각한다.

첫째, 울산시 교육청과 '푸른울산21' 등과 ESD 지역 네트워크를 구축하였다는 점이다. 즉, 외부와 협력 체계를 세움으로써 스스로의 활동 가능성과 활동 영역을 확장시켜 주는 기회를 제공하였다. 또한 학교를 벗어난 시민 사회 단체의 축적된 능력과 학교 내부에서는 갖기 어려운 조건 등을 향유할 수 있었다.

둘째, 놀이를 통하여 지속 가능 발전에 대한 이해를 도모하기 위하여 교구 프로그램을 개발하고, 교구를 제작하였다는 점이다. 교구 프로그램인 '제2 지구 만들기' 프로젝트는 수업 때마다 학생들이 참여하도록 하여 문제 해결 의지, 문제 해결 방법의 모색, 협동과 배려의 중요성을 자발적으로 깨우치게 하고 그 능력을 향상시키고자 하였다. 제2 지구 만들기 프로젝트 적용 후, 학생들은 실제로 협력의 중요성과 장점을 깨달았고, 자연환경의 소중함과 불가역성, 미션 통과에 따른 성취감과 주도적 학습 의지 발생, 나를 둘러싼 모든 환경에서 배려의 중요성들을 깨닫게 되었다.

셋째, ESD 교육에 대해 어떤 이론적인 바탕을 두고 접근한 것이라기보다는 열정을 가진 초등 교사들이 저마다의 역량 안에서 할 수 있는 것으로 시작하였다고 할 수 있다. 수업에서 다루던 주제들은 지역 환경의 특성이나 문제를 인식하고, 지역 환경 문제의 쟁점을 이해하고, 그 해결 능력을 갖도록 하는 데까지 나아가기에는 미흡한 부분이 있을 수밖에 없었다. 울산 ESD 교사들과 꾸준히 소통하고 토론하는 과정을 거쳐 이런 부분들이 변화하고 개선되면서 학교 수업이 지역 문제와 연계할 수 있게 되었다. 이 과정은 자연스레 지속 가능 발전 교육을 확인하고 경험하는 것이기도 하였다.

반면, 울산ESD연구회의 사업 진행에서 아쉬운 점도 없지 않았다. ESD가 자리 잡고 확산되기 위한 중요한 지표로서 잊곤 하는 것이 학부모와 학부모 교육이다. 이 연구회에서는 창의인성교실에서 학부모가 참관할 수 있는 기회는 주었으나, 학부모를 끌어들이기 위한 노력에서 아쉬운 부분도 있었다. 독일의 여러 경험에서 지속 가능한 학교를 위한 학부모의 역할은 ESD 성공을 위한 중요한 지표가 되고 있는 점에 주목할 필요가 있겠다.

그리고 멘토링 프로그램에 대한 아쉬움도 남는다. 우리와 달리 독일의 경우는 매주 라운드 테이블을 통하여 ESD 진행 교사들이 모여 멘토링의 기회를 자주 가질 수 있었다. 뿐만 아니라 멘토와 멘티 간 소통만이 아닌 멘티들 간의 소통도 운영에 대해 더 많은 성찰과 아이디어를 도출할 수 있었다는 점에서 아쉬움이 있었다.

멘토링 시스템이 나에게 주는 의미는 특별하다. 환경 교육과 환경 정책의 접목, 지속 가능 발전과 교육을 연계한 연구들을 수행하면서, 학교 현장에서 학생들을 가까이에서 그리고 직접 지켜볼 수 있었기 때문이다. 그 과정에서 함께 고민하고, 문제 해결 방안을 찾을 수 있었던 것도 이 프로그램이 갖는 장점이라고 생각한다.

이 교사 연구회에서 3년간 진행된 사업은 참여 교사들의 열정과 희생 없이는 운영되지 못하였을 것이다. 물론 멘토링 프로그램이 있었기에 얻어 낼 수 있던 결과이기도 하다고 믿는다. 멘토링 시스템을 통하여 얻어 낸 성과들을 바탕으로 울산ESD연구회는 울산에서 '자생하는' 단체로, 나아가 명품 단체로 지속되어 든든한 버팀목이 될 것을 믿고 기대한다.

절전소가
만드는
행복
발전소

삼정중학교 환경 교육 프로젝트

자전거와 비행기의 속도에서 무엇을 배울까

에너지를 아끼면서 배려를 배우다

축제를 위한 초록 화폐, 송이

우정의 무대, 학생 자치 꽃을 피우다

학생 자치는 실천이고 철학이다

학생 자치로 꽃 피운 생태 축제

'지구적으로 생각하고, 지역적으로 행동하자'는 모토로 탄소 줄이기 통합 교육 과정을 운영한 삼정중학교 이야기. 기후 변화와 생물 다양성, 에너지 절약과 식생활 개선, 신재생 에너지를 주제로 통합 교과 교육 사례를 담았다. 그 대표적인 결실인 학생 자치 기구 '삼정 절전소'를 기반으로 학교 축제를 에너지 축제가 되게 한 과정과 학교와 지역 사회단체가 연계하여 진행한 풍부한 사례를 엿볼 수 있다.

축제라는 말 앞에서 가슴이 두근거리지 않는다면 그만큼 나이를 먹었다는 뜻일까. 2014년 10월 24일, 서울 강서구 방화3동에 있는 삼정중학교 축제 구경에 나서며 문득 든 생각이다. 국화 축제, 인삼 축제, 억새 축제, 뻘낙지 먹물 축제 등등 우리나라 어디선가 갖가지 지역 축제가 열리고 있을 그런 가을날이었다. 우리나라에서 한 해 동안 열리는 지역 축제만 2400여 개가 넘는다고 한다. 하루 평균 어디선가 3~4개의 축제가 열리고 있는 셈이니, 우리는 연일 들썩이는 '축제 공화국'에서 살고 있는 것이다. 그럼에도 관광 상품으로 사고파는 어른들의 축제는 설레지 않는데, 어린 학생들의 축제 때문에 잠시 시간 여행을 떠나는 기분이다.

지하철 5호선 종점인 방화행 전동차는 한적했다. 수많은 사람들이 도심을 향해 질주하는 시간, 땅속 열차는 타임머신처럼 역방향으로 달리고 있었기 때문이다. 방화역에서 땅 위로 올라와 걸었다. 삼정중학교까지 잘 정돈된 아파트 단지들 사이로 아스팔트를 따라 걷는다. 대부분 사람들이 일터와 학교로 떠난 시각이라 그런지 마을은 낙엽 구르는 소리가 들릴 만큼 조용하다. 축제로 가는 길 위에서 근처 김포 공항으로 뜨고 내리는 비행기 소리만 정적을 깨운다.

삼정중학교는 이웃한 삼정초등학교와 함께 개화산 산자락 마을 끝자리에 있었다. 산이 가까운 고즈넉한 풍경이 좋아 일부러 찾아온 사람도 있지만 예전에는 막다르고 외진 곳이라 꺼리던 학부모들도 있었다.

개화산은 서울 서북쪽 끝자락에서 한강과 만나는 산이다. 그래서 삼정중학교에서 산을 넘으면 반대편이 김포 땅이고, 산자락이 잦아든 자리에 있는 방화 근린공원 앞 한강 건너편은 고양시다. 강을 사이에 두고 개화산과 마주 보는 산은 행주산성이 있는 덕양산이다.

〈양천읍지〉에 따르면 풍수에서는 코끼리 형상의 개화산이 사자 모양을 한 덕양산과 함께 한강 하류에 포진한 채 서로를 바라보고 있어, 서해안을 통해 들어오는 액운을 막고 서울에서 흘러나오는 재물을 걸러서 막아 주는 산세라고 지형을 읽는다.

예부터 산 정상에 봉수대가 있어 멀리 여수 돌산도에서부터 전라도와 충청도의 바닷길을 따라 올라오는 봉화를 남산으로 전하는 중요한 위치의 산이기도 했다는데……. 횃불을 올렸던 산이었기에 개화開火산이었는데, 봉화가 꺼진 뒤에는 꽃이 피는 개화開花산으로 바뀌었다. 그 산자락에는 어떤 꽃들이 피고 지고 있을까.

개화산 자락으로 다가가면서도 산이 진짜 코끼리의 형상인지는 알 수 없다. 산세는 가까이 보아서는 제 모습을 알 수 없기 때문이다. 산꼭대기에 올라가서도 자기 발밑의 산은 보이지 않는 법이다. 코끼리 모양을 보려면 강 건너 덕양산에 올라야 하고, 반대로 사자 형상의 덕양산을 보려고 해도 코끼리 산등에 올라가야만 알 수 있을 것이다. 물론 오랜 도시 개발로 파헤쳐져 팔다리가 잘린 형상일 수도 있겠지만.

산을 바라보는 것처럼 도심에서 멀리 외진 곳에 있는 학교에 대한 시각도 마찬가지가 아닐까. 같은 지역이라는 우물 안에서는 오히려 그 장점이 제대로 보이지 않을 수도 있겠다는 생각이 들었다.

"강 건너 일산으로 이사 간 2학년 학생 중에 1시간이 훨씬 넘게 통학하면서 전학을 가지 않는 아이가 있어요. 꼭 삼정에서 졸업을 하겠답니다."

학생 자치 부장을 맡고 있는 김승규 교사가 자랑처럼 소개한 이야기가 떠올랐다.

"학교가 재미있어서 졸업하기 싫다는 아이들도 있고요."

2011년 삼정중학교가 혁신 학교로 지정된 이후의 이야기라고 했다. 학생들의 교과 성적도 많이 올랐는데, 교사들은 '처음에는 기초 학력 부진 학생들이 많아 교육청 지원을 받기까지 했지만 지금은 모두 옛말이 되었다'고 했다. 학교가 성적을 강조하고 겉으로 내세우지 않기 때문에 널리 알려지지 않았을 뿐이라고 했다. 대신 인근 초등학교 교사들 사이에서는 2, 3년 전부터는 삼정중학교로 배

정받기를 원하는 학생과 학부모들이 부쩍 늘었다는 이야기가 들려온다.

최근 한 방송사 뉴스에서 수도권의 부동산 시장은 학업 성취도 평가 성적이 높은 중학교 주변으로 전셋값이 오르고 있다고 보도했다. 과거 고등학교 중심의 학군 수요와 달리 요즘에는 좋은 고등학교에 보낼 수 있는 중학교를 찾아 '맹모'들이 부산하게 움직인다는 분석이었다. 성적이 곧 좋은 학교의 기준이라고 생각하는 학부모들은, 아이들이 즐거운 학교보다 공부를 많이 시키는 학교를 선호하기 때문이다.

삼정중학교는 혁신 학교가 된 이후에도 그런 식의 부동산 과열은 없었다. 대신 학군을 따라 부동산이 폭등하는 우리 시대 불편한 욕망 대신 다른 형태의 열정이 꿈틀거리고 있었다. 지역과 학교가 손을 잡고 마을이 아이들을 행복하게 길러 내겠다는 바람이다. 축제로 가는 길은 그 꿈을 확인하러 가는 길이었다.

자전거와 비행기의 속도에서 무엇을 배울까

'지구 환경을 생각하는 삼정 축제 푸른별온새로미로'라는 플래카드가 방문객을 먼저 반긴다. '온새미로'는 지구 환경을 자연 그대로 보존하자는 뜻이다. 2014년 현재 4회째를 맞고 있는 축제는 지난 2011년 학교환경교육지원사업과 함께 시작된 '탄소 줄이기 통합 교육 과정'을 한눈에 보여 주는 프로그램이라고 했다. 탄소 줄이기 통합 교육 과정은 학생들에게 "생명의 신비와 소중함을 느낄 수 있는 감성과 생태 환경을 위한 공동체 의식, 그리고 실천"을 가르치기 위한 것이라고 했다. "인류의 지속 가능한 미래를 생각할 줄 아는 삼정인, 에너지 절약에 앞장서서 실천하는 삼정인"을 기르는 것이 목표다.

교문 앞에는 자전거 거치대에 가지런히 줄지어 선 자전거들이 눈에 띄었다. 비싼 에너지를 소비하면서 이산화탄소까지 내뿜는 자가용을 타고 부모에게 실려 올 것인가, 스스로 자신의 운동 에너지를 써서 자율적으로 달려 나갈 것인가, 아이들의 자전거가 이렇게 묻는 것 같다. 아침 공기를 가르며 제 힘으로 페달을 굴려 왔을 학생들의 얼굴을 떠올려 본다. 인류가 바람직한 사회적 관계를 유지하기 위해서는 속도를 억제해야 한다는 주장을 담은 이반 일리치의 책 제목이 '행복은 자전거를 타고 온다'*였다는 것이 떠올랐다.

축제가 열리고 있는 학교 운동장에는 만국기 대신 천연 염색 체험 부스에서 아이들이 직접 만든 색색의 손수건들이 소슬 바람에 나부끼고 있었다. 운동장에서 본관 건물로 올라가는 계단 주변에 자리 잡은 생물 다양성 교육 부스를 먼저 찾아가 보았다. 인근 김포 공항 습지에 사는 동식물들을 기록한 사진 전시회가 열리고 있

★ 교통수단에서 에너지와 자본의 관계를 파헤친 이 책의 원제는 'Energy and Equity'다.

었는데, 그 주변에 옹기종기 모여 앉은 학생들이 지역 국회의원에게 편지를 쓰고 있었다.

김성태 의원님께.

저는 김포 공항 습지 공원에 골프장 건설을 반대합니다. 어렸을 때부터 매일 가다시피 한 습지 공원은 천연기념물과 다양한 생물들이 공존하는 곳입니다. 골프장 건설을 하면 안 그래도 멸종 위기에 처한 동물, 생물들은 사라지게 될 것입니다. 자연의 피해는 다시 사람에게 돌아옵니다. 습지 공원은 개인적인 곳이 아니고 다 같이 쓰는 곳이므로 주민들의 그리고 학생들의 모든 의견을 들어주셨으면 좋겠습니다.

삼정중 박새롬 올림

김포 공항 근처 30만 평에 이르는 습지는 천연기념물 203호 재두루미, 멸종 위기 야생 동물 2급 금개구리, 천연기념물 제323호 황조롱이 등 법정 보호종만 30여 종이 발견된 생태계의 보고다. 삼정중학교 학생들은 통합 교과 수업으로 김포 공항 습지에서 지속적으로 탐방 활동을 벌여 왔다. 드넓은 들판 사이로 걸어 들어간 교사와 학생들은 과학 과목의 '생물 다양성'과 '환경과 인간'에 대한 도덕 수업 등을 지역 주민과 함께 배웠다. 학생들의 체험 학습을 '생태보전시민모임', '아이쿱' 강서생활협동조합, 강서양천환경운동연합 등의 지역 사회단체들이 도와주었기 때문이다.

　　체험 학습을 통해 바람의 결을 느끼며 새들의 비행을 관찰하고, 개구리와 맹꽁이 소리에 귀를 연 학생들은 습지에서 함께 사는 생명의 실체를 만난 것이다. 그렇게 오감으로 배운 공부는 가슴 깊이 남을 수밖에 없었다. 편지를 쓰는 학생들은 골프장을 짓기 위해 습지를 매립하고 나면 누군가 보금자리를 잃고 죽거나 떠나가게 될 것을 분명히 알고 있었다. 그 피해자가 누구인지도 구체적으로 떠올리는 표정이었다. 부들과 갈대밭 사이로 걸어 들어가 보고 듣고 느껴 보았던 사람만이 알 수 있는 각별하고 애틋한 마음들이 편지 위에 담기고 있었다.

잠시 자전거를 타고 학교에 오는 아이들이 쓰는 에너지와 하늘을 찢을 듯 날아가는 비행기에 탄 사람이 소비하는 에너지를 생각해 보았다. 자전거는 인체의 포도당으로부터 에너지를 만들지만 비행기를 탄 사람은 엄청난 양의 화석 연료를 태우면서 막대한 이산화탄소까지 뿜어내 지구의 숨구멍을 막는다. 비행기를 타는 소수를 위해 만들어진 공항과 활주로 때문에 그 자리에서 대대로 살던 사람뿐 아니라 대지의 원주민인 수많은 동식물들의 터전도 빼앗는다. 그리고 날마다 비행기가 뜨고 내릴 때마다 누군가는 내내 땅 아래서 소음을 견디며 살아야 한다.

김포 공항 습지도 소음 공해에 시달리던 지역 주민들을 위해 정부가 활주로 옆에 있던 농경지와 택지를 사들여 골프장을 만들려다 오랜 시간 방치해 두었던 곳이다. 그런데 지난 10여 년간 사람이 떠난 땅을 자연에게 맡겨 두었더니 놀라운 일이 벌어졌다. 묵정논에서 부들과 갈대가 자라면서 제비와 백로, 해오라기, 맹꽁이들이 다시 찾아온 것이다. 습지는 수많은 동식물을 기르고 불러온 생명의 자궁이었다. 결국 골프장 추진 사업이 지지부진했던 지난 세월은 사람의 간섭이 없으면 자연은 스스로 살아난다는 교훈을 남겼다. 아이들은 그곳이 골프채를 든 어른들만의 놀이터가 아니라 사람과 동식물이 공존하는 습지로 남아 있는 것이 생태계를 위해 공평하고 정의로운 길이라고 생각한다. 편지를 쓰는 아이들 곁에서 우리가 빠른 속도를 탐닉할수록 얼마나 많은 희생양이 필요한지 새삼 떠올려 보았다.

에너지를 아끼면서 배려를 배우다

생물 다양성 교육 부스와 대각선으로 마주한 운동장 끝에서는 모락모락 연기가 피어오르고 있다. 삼정 절전소에서 운영하고 있는 에너지 적정 기술 부스에서 군고구마와 계란을 굽고 있었다. 드럼통으로 만든 열기 고리 화덕과 미니 로켓 스토브 장작불 위에서 고구마와 계란이 익기를 기다리는 동안, 학생들은 적정 기술을 이용한 화덕과 스토브의 원리를 배우고 있다. 친구들에게 화덕의 원리를 설명하는 사람은 절전소의 3학년 학생이었다.

"보통의 화덕이나 스토브는 열효율이 낮아서, 전통 아궁이도 땔감을 아무리 많이 넣어도 열에너지의 30% 정도밖에 이용하지 못해요. 하지만 적정 기술을 이용한 열기 고리 화덕은 철판으로 만든 고

리 안에 열을 가두어 에너지가 오래 머물도록 설계한 거예요."

폐식용유 깡통 크기의 로켓 스토브 역시 완전 연소에 가깝게 열효율을 높인 제품이라고 했다.

"저희가 도움을 주기 위해 일부러 온 건데 학생들이 더 잘하고 있어요."

화덕과 스토브를 설치한 청년들이 삼정 절전소 학생들에 대한 칭찬을 아끼지 않았다. 에너지 적정 기술 부스 운영을 돕고 있는 마을 기술 센터 '핸즈'에서 온 어른들이었다. 앞서 본 생물 다양성 교육 부스는 '김포공항습지매립반대골프장사업백지화를위한공동대책위'에서 활동하는 초록마을학교와 강서양천환경운동연합 회원들이 함께 운영하고 있었다.

지난 여름 방학 때 삼정 절전소 운영 위원들은 1박 2일 '별에별꼴 캠프'에 참가해서 적정 기술을 처음 만났다고 했다. 교사와 학생들이 함께 직접 벽돌을 쌓아 화덕을 만들어 고기를 구워 먹고, 드럼통으로 만든 열기 고리 화덕에 옥수수도 삶아 먹으면서 학교 축제에 적정 기술을 소개하고 싶다는 생각을 하게 된 것이다.

적정 기술(適正技術, appropriate technology)이란 자기가 처한 공동체의 조건에 맞게 큰돈을 들이지 않고도 누구나 쉽게 배워서 쓸 수 있는 기술을 말한다. 간디가 방직 기계를 거부하고 인도 전통의 물레를 돌리게 된 것에서부터 적정 기술의 연원을 찾기도 한다. 이후 1960년대 경제학자 프리츠 슈마허가, 선진국의 거대한 첨단 기술이 아니라 아프리카나 아시아의 가난한 사람들에게 알맞은 환경

친화적인 중간 기술을 제안하면서 적정 기술의 개념이 널리 퍼지게 되었다. 적정 기술의 핵심은 돈을 벌기 위한 것이 아니라 이웃과 함께 나누는 것이다. 그래서 사람들은 적정 기술을 따뜻한 기술이라 부른다.

우리나라에서는 귀농한 사람들이 고유가 시대를 헤쳐 나갈 방법을 연구하면서 태양열 온풍기나 온수 장치, 태양열 건조기 등 다양한 에너지 절감 제품을 만들어 이웃과 나누면서 널리 알려지게 되었다. 적정 기술의 장점은 많은 이들이 힘과 지혜를 나누면서 끝없이 개선된다는 데 있었다.

축제에서 적정 기술을 소개하고 있는 삼정 절전소가 움직이는 힘도 비슷했다. 삼정 절전소는 삼정중학교 학생들만의 특별한 자치 기구로, 탄소 줄이기 통합 교과 교육의 대표적인 결실이었다. 지난 2012년 학생회 산하 기구로 만들어졌는데, 서울시의 '원전 하나 줄이기-에너지 절약 운동'에 동참하고, 에너지 설계사 양성 프로젝트, 에너지 수호천사단과 연계해 에코 마일리지 가입을 독려하는 등 다양한 에너지 절감 활동을 벌였다. 삼정 절전소가 만들어지고 학생들의 자발적인 에너지 절약 운동 결과 학교 전체 전기 요금을 평균 전년 대비 10% 가까이 감축했다. 최대 28%까지 절감한 달도 있었는데, 절약만이 능사가 아니라는 생각에 학생들에게 자제를 부탁하기도 할 정도다. 지난 2013년도에 서울시 에코 마일리지 제도에 가입한 학생만도 200여 명이 넘는데, 이것 역시 절전소 학생들의 노력 덕분이다.

"이동 수업을 할 때 교실에 선풍기나 에어컨, 전등을 꼭 끄고 가는 것부터 시작했어요. 예전 같으면 낮에도 교실 전체 전등을 켰지만 이제는 창가 밝은 쪽은 아예 불을 켜지 않아요."

이런 작은 실천들은 교사의 요구로 시작된 것이 아니다. 평소 통합 교과 교육에서 에너지와 기후 변화 문제에 공감했던 학생들이 자발적으로 절전소 활동에 나서면서 스스로 계획하고 실행했다. 절전소에 가입한 학생들은 학교 밖에서도 다양한 교육과 체험 활동 기회가 주어지기 때문에 에너지와 환경 문제에 대해서만큼은 여느 어른들보다 나은 전문가가 되었다. 특히 절전소에서 에너지 수호천사단으로 활동하는 학생들의 한 해 기록을 살펴보면 더욱 놀라웠다.

학생인 우리가 쉽게 에너지를 절약할 수 있는 방법이 무엇일까 생각해 보다가 절전 스티커를 제작하게 되었습니다. 스위치가 많은 학교에 이 스위치가 어느 전등과 연결된 것인지를 알면 껐다 켰다 할 일이 줄어들기 때문에 그만큼의 에너지가 절약될 것이라고 생각했습니다.

에너지 수호천사단 학생의 활동 일지에서

간 나오토 전 일본 총리가 하는 탈핵 강연회를 다녀왔습니다. 어려운 전문 용어들이 많이 나오는 바람에 이해하지 못한 부분들이 많았지만 그래도 열심히 들어 원자력 발전소의 위험성에 대해 다시 한 번 느끼게 되었습니다. 탈핵이 언제 되는지는 관심이 얼마나 많아지느냐의 차이인 것 같습니다. 많은 사람이 탈핵에 관심을 가져 주었으면 좋겠다는 생각을 하였습니다.

간 나오토 전 일본 총리 한국 강연회 및 야 3당 공개 좌담회
'후쿠시마를 넘어 탈핵으로' 참가자

물론 절전소 소속 학생들의 열정 때문에 소소한 마찰이 생기기도 한다. 교실에서 고데(머리 인두)를 사용하는 여학생이나 충전기를 쓰려는 친구에게까지 절전소의 잔소리가 이어지기 때문이다. 극성스럽기까지 한 절전 활동에 불만을 표시하는 학생은 없을까.

"기본적으로 좋은 일이라는 데 모두가 공감해요. 무엇보다 전기를 아낀 대가가 우리에게 되돌아온다는 걸 모두가 느끼고 있으니까 잘 협조해 줘요."

적정 기술에 대해 열띤 설명을 하던 김동이 학생의 말이다.

"절전소 활동을 하다 보니 나도 모르게 모범을 보여야겠다는 생각을 많이 해요. 저희 집도 집 안에 있는 모든 콘센트를 멀티탭으로 바꿔 대기 전력 줄이고, 전등도 모두 LED로 바꾸었어요."

삼정 절전소 활동을 하는 학생들 대부분 그런 책임감을 가지고 있다고 했다. 집에서 조금만 샤워를 오래 해도 '너, 절전소 하는 애가 물을 그렇게 많이 쓰느냐'는 소리까지 듣는다고. 학생들은 절전소를 학교 동아리 활동으로만 그치는 것이 아니라 가정과 마을에서 실천을 이어 가고 있었다. 이번 축제에서도 서울시에너지설계사협동조합에서 나온 지역 어른들의 도움으로 학생들에게 '우리 집

절전소 만들기' 프로그램을 지원하고 있었다.

"저는 사실 2학년 때까지는 공부하기도 바쁜데 저런 걸 왜 힘들게 하나, 생각했어요. 하지만 직접 해 보니 진짜 재밌고 뿌듯해서 일 년밖에 못 하고 졸업한다는 게 아쉬워요."

'친구 따라 절전소에 왔다'는 김정현 학생의 이야기였다. 대의명분이나 책임감보다 절전소 친구들과 함께하는 학교생활 자체가 좋다고 했다. 이처럼 삼정 절전소의 가장 큰 성과는 가시적인 전기 사용량의 변화가 아니라 학생들 사이에 학교 공동체에 대한 신뢰와 애정이 쌓여 가는 데 있었다. 절전을 실천하는 과정에서 에너지보다 중요한 것이 한 공간에서 함께 생활하는 사람에 대한 배려라는 사실을 학생들 스스로 깨달았기 때문이다.

더운 여름철 냉방비를 아낀다고 에어컨을 끄기만 하면 학습 효율도 오르지 않을 뿐만 아니라 여럿이 함께 생활하는 공간에서 불쾌지수만 올라갔다. 공동체가 처한 현실에 맞는 적정 기술을 찾는 것처럼, 개별적인 절전 활동만큼 에너지 절감을 위한 근본적인 시스템 개선이 필요하다는 사실도 알게 되었다.

그래서 최근에는 학교 전체에 전력 절약 장치를 설치하고, 교실 전등을 모두 LED로 교체하는 방식으로 한 걸음 더 나아가게 되었다. 불필요한 에너지 소비는 줄이고, 모두에게 꼭 필요한 곳에는 적절히 쓰이도록 하는 것이 중요하다는 분배의 문제도 차츰 배우게 되었다. 그러다 보니 교실에서 전등 스위치 하나를 끄기 시작한 작은 실천에서부터 한 나라의 에너지 정책 전체를 바라보는 비판적인 안목도 길러졌다.

적정 기술 화덕 옆에서는 떡메 치는 소리가 흥겨웠다. 학부모들이 준비한 찰밥을 남학생 둘이 리듬을 타며 철썩철썩 메를 쳐 차진 인절미로 만들고 있었다. 적정 기술로 구워 낸 군고구마와 학생들이 손수 만든 인절미를 맛보았다. 우리는 음식을 대할 때 식재료만 보고, 그것이 만들어지는 과정에서 에너지를 어떻게 사용했는가에 대해서는 깊이 생각할 기회가 많지 않다. 떡메를 치던 소년의 근육 에너지와 장작을 태운 불꽃의 열에너지를 인절미와 군고구마 속에서 음미해 본다. 아무리 좋은 교육이라도 머리로 아는 것은 몸으로 즐기는 것만 못하다는 사실을 확인하는 맛이었다.

축제를 위한 초록 화폐. 송이

'푸른별온새로미로' 축제는 크게 탄소 줄이기 통합 교과 활동에 대한 교육과 체험 부스 그리고 학생들이 먹고, 놀고 즐기는 놀이 활동 부스로 나뉘어 있었다. 학교 전체가 학습과 놀이가 한데 어우러지는 축제의 공간이다. 이것을 가능하게 하는 데는 축제 기간에만 통용되는 특별한 화폐 '송이'의 힘이 있었다. '송이'가 있어야 학부모회에서 준비한 친환경 먹을거리 장터에서 어묵과 과일 꼬치를 사 먹을 수 있고, 학생들이 직접 요리하는 주스와 팬케이크, 떡볶이 등을 파는 에너지 카페나 포장마차를 이용할 수 있다. 또 타로, 보드게임방, 다트방, 노래방, 댄스파티, 복불복 게임이 벌어지는 카페에서 친구들과 놀기 위해서도 '송이'가 필요하다.

송이는 축제용 초록 화폐로 학생들이 각종 교육과 체험 활동 부스를 적극적으로 참여하게 하려고 만들어졌다. 학생들은 축제 기간 프로그램 활동지를 들고 다니면서 환경 영화, 식품 안전 교육, 재활용 교실, 자전거 발전기 체험 등에 참여하면서 환경과 에너지에 대해 공부하면 송이를 받을 수 있다. 국어 시간에 학생들이 만든 에너지 절약에 관한 UCC를 감상하는 것도 교육 활동으로 인정받아 송이를 받고, 에코 마일리지 제도에 가입하거나, 에너지 설계사로부터 우리 집 전기 요금을 분석해 절전 방법을 배워도 송이를 받는다.

축제 기간에는 송이를 발행하고 관리하는 은행도 개설된다. 송이는 지폐로 발행하는데, 사진과 송이 단위 그리고 학교 마크가 인쇄되어 있다. 1~3송이까지는 주로 학생들이 좋아하는 연예인이, 가장 비싼 5송이에는 학생회 임원과 선생님들의 사진이 들어 있다. 화폐 속 인물은 송이를 발행하는 학생들이 자유롭게 결정한다. 재미있는 것은 연예인들도 각각 송이 등급이 달랐다. 수지는 1송이인데 요즘 텔레비전에서 한창 인기를 모으고 있는 대한이, 민국이, 만세 세쌍둥이 아기들은 3송이였다. 선생님 사진은 올해 처음 송이에 들어갔다고 하는데, '연예인보다 선생님 송이를 크게 해 줘서 고맙다'고 웃는 교사도 있었다. 송이의 디자인부터 발행, 은행 업무까지 모두 학생회에서 맡는다.

물건 받습니다☺

11월 13일 "삼정 초록축제"
알뜰시장 물건을 받고 있습니다
※물건 가져오시면 초록돈과 쿠폰가 와르르~
※ 10월 17일(수) ~ 10월 19일(금)<필요시 연장>
※12:50 ~ 1:15 ⇒ 1층 음악실
o다른 사람들이 입을수 있는 의류

　본관 건물에는 송이를 받을 수 있는 다양한 교육 부스와 송이를 쓸 수 있는 먹을거리 장터와 놀이터가 교실마다 줄줄이 이어졌다. 학생들은 삼삼오오 짝을 지어 이 교실 저 교실 돌아다니며 축제를 즐기고 있었다. 그중 가장 큰 웃음과 비명 소리가 들리는 곳인 '복불복 카페'에 들어가 보았다. 카페에서 파는 메뉴를 보니 소리를 지를 만도 했다. 세 명이서 짝을 지어서 1송이씩 내고 음료와 과자, 빵, 주먹밥 중에서 한 가지를 골라 먹을 수 있는데, 모든 메뉴가 겉모습은 똑같지만 세 가지 중 하나만 온전한 음식이었다. 음료를 보면 평범한 콜라와 콜라+까나리액젓 그리고 콜라+식초를 섞은 것이 같이 제공된다. 빵도 기본 빵과 빵+캡사이신, 빵+고춧가루+청양고추 세 가지가 있었다. 단 빵 메뉴는 매운 것을 잘 먹는 친구들만 도전하라는 주의 사항과 함께, '매운 것에 걸리고도 아닌 척 진행자를 속이면 낸 송이의 두 배를 상으로 준다'는 규칙도 적혀 있었다. 무엇에 걸리든 탄성이 터져 나올 수밖에 없었다.

그 밖에도 여러 교실을 돌아다니면서 느낀 것은 정작 교사들이 잘 보이지 않는다는 점이었다. 각각의 부스를 운영하는 주체도 학생들이고, 축제 진행을 위해 여기저기 바쁘게 뛰어다니는 진행 요원도 모두 학생회 임원들이었다. 교사가 있어도 아이들 속에 섞여 똑같이 송이를 들고 물건을 사고 게임을 즐기고 있어서 알아보기도 힘들었다.

간혹 놀이공원에서 길을 잃은 것처럼 헤매는 학생들이 '선생님!' 하며 달려와 뭔가를 묻기도 했는데, 김승규 교사의 답은 한결같이 "선생님도 잘 모르겠다. 학생회 가서 물어봐라."였다. 김 교사는 축제 기획부터 준비에서 마무리까지 모두 학생들이 결정하고, 예산 집행에서 결산까지 학생회에서 도맡는다는 사실을 자랑스러워했다. 그런 의미에서 삼정중학교 축제야말로 학생 자치의 꽃이라고 했다. 교사들이 하는 일은 학생회가 쓸 수 있는 예산 마련을 위해 열심히 뛰는 것뿐이라고.

각 학년 교실마다 다양하게 차려진 프로그램들을 둘러보고 축제의 2부 공연이 치러질 운동장으로 향했다. 그런데 건물 1층에서 지하로 내려가는 복도에서부터 창문을 모두 가려 빛을 차단한 곳이 눈에 띄었다. 학생들이 축제에서 제일 기다리는 귀신의 집이라고 했다. 3부 저녁 시간에 문을 여는데, 학생들은 귀신 놀이 때문에라도 야간 축제가 꼭 필요하다고 생각할 정도라고 했다. 김승규 교사가 올해로 두 번째인 야간 축제가 성사되기까지 우여곡절에 대해 들려주었다.

"작년에 당선된 학생회장 선거 공약이 야간 축제를 열겠다는 거였어요. 처음엔 안전 문제로 학교에서 반대했죠. 그런데 선생님과 부모님이 걱정하는 부분을 학생들이 스스로 해결하려고 노력하는 모습을 보니 우리 학생회가 정말 대견하다고 느꼈어요."

첫 야간 축제 때는 뒷정리까지 하면 귀가 시간이 너무 늦어질 것 같아 학생들을 그냥 돌려보냈다고 했다. 그랬더니 학생회에서 토요일 하루를 쉰 다음, 자율적으로 연락을 취해 수업이 없는 일요일 아침부터 100여 명이 넘는 학생들이 학교에 나와 오후 늦게까지 학교를 말끔히 치워 놓아 선생님들이 깜짝 놀랐다고 했다.

올해는 축제 시간이 작년보다 길어진 만큼 학생회에서 안전 귀가 지도 계획까지 세웠다. 축제 프로그램 안내장 마지막에는 학교 주변 아파트 단지별 학생회 인솔자를 표로 정리해 놓고, 강당에 모여서 함께 귀가할 것을 당부하고 있었다.

귀찮다고, 필요 없다고, 애 아니라고, 놀 거라고 마음대로 안 지키고 귀가할 생각인 친구들. 이건 장난이 아닙니다. 어두운 거리는 위험하고 안 지키게 되면, 나 자신뿐 아니라 선생님들, 학교 전체에게 무거운 책임이 주어집니다. 다시는 야간 축제를 못 열고 심하면 활동에 제한도 심해지겠지요. 장난일지도 모르지만 그 하나 행동 때문에 많은 사람이 심각한 피해를 입는 일은 피합

시다. 같이 즐기면서 귀가합시다.^^

P.S. 정말 죽어도 축제 후 밖에 나가야 한다면 단지별로 같이 귀
가한 후 집 들렀다가 나오세요.

학생들이 직접 만든 프로그램에 실린 애교 섞인 당부 글을 보
니, 축제에 대한 학생회의 책임과 열정이 절절하게 느껴졌다. 삼정
중학교에는 축제 준비를 함께하는 학생회 인원만 150여 명이 넘는
다고 했다.

우정의 무대, 학생 자치 꽃을 피우다

점심 식사 후 운동장 특설 무대에서 펼쳐지는 2부 공연은 전교
생이 한자리에 모이는 축제의 하이라이트다. 무대 바로 앞에는 공
연장 로열석처럼 의자를 따로 배치했고, 나머지는 계단에 앉아 자
유롭게 관람할 수 있었다. 무대 앞 좌석엔 과연 누가 앉을까 궁금
했는데, 3학년들 자리라는 이야기를 들으니 웃음이 나왔다. 모두가
학생들의 결정이라고 했다. 교사도 1, 2학년과 똑같이 계단에 앉아
있었는데, 조금도 어색해 보이지 않았다.

무대 위에서는 초대 손님과 '쇼 미 더 삼정'이라는 교내 오디션을
통과한 학생들의 열띤 공연이 펼쳐졌다. 오디션은 일주일 전 학교
강당에서 열렸는데, 이 과정도 축제를 위해 따로 꾸려진 공연 마당

준비 위원회가 도맡았다. 텔레비전의 인기 오디션 프로그램처럼 공연에 대한 평가와 함께 합격 불합격 판정을 내렸는데, 그 과정 자체가 워낙 흥미진진해서 강당이 떠들썩했다고 전한다.

본 공연 참가자들 가운데 최고의 인기곡은 가수 현아의 '빨개요'라는 곡이었다. 한 번도 들어 본 적이 없던 노래였는데, "원숭이 엉덩이는 빨개~"하는 노래와 춤을 하도 여러 번 반복해 듣다 보니 환청이 들릴 지경이었다. 그런데 똑같은 노래인데도 좀 색다른 무대가 있었다. 한 여학생과 학생회 임원들이 함께 출연한 무대인데, 검정색으로 옷을 통일해 입은 8명이 백댄서처럼 무대 위에 서고 흰 트레이닝 복을 입은 여학생이 중앙에서 신들린 듯 춤을 추었다. 저러다 실신하지 않을까 걱정이 될 정도로 열심히 춤을 추는 여학생이 좀 과장돼 보이기까지 했다. 고개를 갸우뚱하며 무대를 지켜보는데 갑자기 옆에 있던 국어과 염영하 선생님이 달려와 환호성을 지르며 울먹였다.

"아! 쟤네들 좀 보세요."

선생님은 눈물이 그렁그렁한 채로 특별한 무대의 의미를 설명해 주었다. 무대에 선 여학생이 오디션에 통과하기까지 학생회에서 고민이 많았다고 했다. 장애가 있는 학생인데 워낙 춤을 좋아하지만 쟁쟁한 오디션 참가자들과 똑같이 경쟁하기에는 어려움이 많았다는 것이다. 설령 오디션을 통과한다고 해도 무대 위에 올라가서 전교생이 지켜보는 자리에서 춤을 추다가 상처를 받게 되지나 않을까 친구들이 먼저 걱정한 것이다. 여러 차례 회의를 거듭한 끝에 학생회가 내린 결정은 임원들이 보조 출연자로 나서 함께 무대에 오른다는 조건부 통과였다. 아무것도 모르는 나는 그 여학생이 다른 참가자들과 뭔가 다르다는 생각만 하고 있었다. 그러나 무대를 지켜보던 삼정중학교 학생과 교사들은 그 각별한 다름의 의미를 알고 있었다.

무대 위의 여학생에게 어느 참가자보다 큰 박수갈채가 쏟아졌다. 환호성은 노래가 끝난 뒤에도 오래 이어졌다. 친구를 배려하는 제자들의 공연을 보며 눈물을 흘리는 선생님들이 여럿 있었다. 공연이 끝난 뒤에도 교사들은 교무실에서까지 한참을 울었다고 한다. 그러나 학생들은 오히려 담담한 듯, 흡족한 표정이었다. 친구와 함께하는 게 당연한 일 아니냐고, 우리는 같이 춤추고 노래하는 게 즐겁다고, 우린 서로 다르지 않다고! 아이들이 어른들에게 그렇게 말하는 것 같았다.

음악이 끝나자 주인공 여학생이 땀에 흠뻑 젖은 채로 무대에서 내려왔다. 자기가 가진 에너지를 무대 위에 다 쏟아부은 것 같았다. 기력을 다한 듯 비틀거리는 여학생을 친구들이 부축해 진정시키고 있었다. 지금 여기, 같은 자리에서 이 순간 그들과 함께 있었다는 것만으로도 울컥하지 않을 수 없었다.

흐뭇한 '우정의 무대'가 끝난 뒤에도 공연은 계속되었다. 그런데 무대 위에는 또 한 사람의 감동적인 주인공이 있었다. 오후가 되면서 날이 많이 쌀쌀해졌는데, 얇은 원피스 차림으로 여장을 한 채 줄곧 사회를 보고 있는 학생회장이다. 남학생이 종아리에 맨살을 드러낸 채 치마를 입고 있어 유독 추워 보였다. 공연 전 운동장 한쪽에서 가정과 수업으로 준비한 알뜰 장터에서 직접 골라 입은 것이라고 했다. 그런데 자세히 보니 손가락을 붕대로 동여맨 채 마이크를 잡고 있었다. 공연이 끝난 뒤에는 그 손으로 의자를 치우고 자리를 정리하는 일까지 묵묵히 해내고 있었다. 그 모습을 유심히 지켜보고 있었는데, 어느새 김승규 교사가 학생회장에게 다가갔다.

"너, 어서 병원 가 봐야지."

축제 기간 중에 김승규 교사가 학생에게 뭔가를 지시하는 모습은 처음이었다.

"야간 축제 마치는 것까지 봐야죠. 내일 가면 돼요. 괜찮아요, 선생님."

나중에 들은 이야기로는 학생회장은 그날 뼈가 부러진 줄도 모르고 무리를 해서 결국 깁스까지 했다고 한다.

학생회장인 3학년 유인지 군은 지난해에는 부학생회장을 맡았다.

"사실 2학년 때는 회장 하는 선배 권유로 마지못해 출마했어요. 전 학생회를 하면 공부할 시간도 부족하고 너무 힘들까 봐 망설였거든요."

그런데 한 해 동안 학생회 활동을 하면서 기록을 담당해 보니, 학생회에 대한 자부심이 생겼다고 했다. 학교 전체를 객관적으로 바라보는 안목도 커졌다.

"동기들과 힘을 모으면 우리 학년이 더 잘할 수 있겠다는 생각이 들었어요."

그래서 3학년이 되어서는 즐거운 마음으로 학생회장에 출마했고, 한 해 동안 원 없이 일했다. 올해 학생회장을 배출한 동기들은 삼정중학교가 혁신 학교가 된 이듬해, 탄소 줄이기 통합 교육 2년 차에 입학한 학생들이다. 삼정 절전소와 학생 자치가 활짝 꽃을 피운 시기의 삼정중학교에서 오롯이 3년이란 시간을 보낸 학생들이다. 학생회장 개인도 충분히 훌륭해 보였지만, 학생들 스스로 자신의 대표를 그렇게 성장시킨 것이라고 느껴졌다. 지도자의 수준을 결정하는 것은 결국 조직의 구성원들이 아닐까.

유인지 군에게 고등학교에 진학해서도 학생회 활동을 하고 싶은지 물었다. 삼정중학교만큼 준비된 곳이 많지 않을 텐데 힘들지 않겠냐고 운을 떼 보았다.

"가고 싶은 고등학교 선배들에게 학생회 분위기가 어떤지부터 물어봤어요. 지금보다야 어렵겠지만 그래도 기회가 되면 다시 해 보고 싶어요."

스스로 일군 행복한 자치의 경험으로부터 아이들은 새로운 꿈을 꾸고 있었다. 이날 축제가 끝난 뒤에 김승규 교사는 삼정중학교 학생회 카페에 이런 글을 남겼다.

아무리 퍼 줘도 아깝지 않은 녀석들. 그냥 바라만 봐도 마음이 흡족하고 생각하면 얼굴에 잔잔한 미소가 머금어지게 하는 녀석들. 이럴 땐 그냥 '사랑한다!'라고 말해 주고 싶다. 정말이지 너희들이 무척 자랑스럽고 함께하는 날들이 행복하구나! (……) 이 생생한 감동이 '2014 삼정중 학생회'를 모두 설명해 줄 거란 생각이 들어 글로 남겨 놓고 싶다. (……) ○○와 함께한 삼정중 학생회 여러분. 그런데 얘들아, 아니? 이런 것들이 바로 너희 자신을 위하는 일이라는 것을! 어려운 친구를 위하는 것이 바로 나 자신을 위하는 일이라는 것을!

학생 자치는 실천이고 철학이다

"저는 학생이 주체가 되니, 학생이 바뀌고 그 힘이 학교를 변화시킨다는 걸 삼정에서 배웠어요. 선생님들이 아무리 좋은 뜻을 가지고 있더라도 학생들이 받아들이지 않으면 소용이 없거든요. 교사가 떠나고 나면 그냥 사라지고 말잖아요."

김승규 교사의 말이다. 그는 학교를 변화시킨 것은 교사도 교장도 아니고 학생들 자신이라고 했다. 그리고 학생이 주체가 된다는 것은 학생들의 의사 결정 기구가 스스로 예산 집행까지 맡는다는 뜻이라고 설명했다. 교보교육재단에서 받은 삼정중학교의 학교 환경 교육 지원금 대부분도 학생회를 중심으로 쓰였다고 했다.

학생회가 주관하는 축제 예산만 매년 천만 원 가까이 학생들이 직접 집행했다. 삼정중학교 학생회의 인터넷 카페에 들어가 보면 축제 준비와 평가까지 모든 의사 결정 과정과 예산 집행 내역 등을 꼼꼼하게 기록한 회의록이 공개돼 있었다.

"예산 편성 과정만 들여다보아도 학교의 변화가 보여요. 교사들이 아무리 교육 혁신을 위해 노력하고 있어도 예산을 보면 여전히 교사 중심으로만 움직이는 곳이 대부분이에요. 아이들을 믿고 맡기면 결국 해냅니다."

교사는 그렇게 학생들이 변화하는 과정을 지켜보는 것이 가장 큰 보람이었다.

삼정중학교의 학생 자치는 구호가 아닌 실천이고, 철학이라고 강조한다. 김승규 교사가 생활 지도부 교사를 맡게 되었을 때, 가장 먼저 이름부터 학생 자치부로 바꾸어 달라고 요청한 것도 그런 이유였다. 아이들 스스로 변화의 동력을 만들어 내지 않으면 어떤 엄격한 생활 지도도 효과가 없다고 믿었기 때문이다.

"삼정중학교에는 학교 폭력이 사라졌다고 교사와 학생들이 자신 있게 말해요. 수치로 보이는 학생 징계 건수에서도 확연히 줄었어요. 저는 교사 중심의 교육 활동이 수업 혁신이나 돌봄 교육처럼 학생 중심으로 변했기 때문이라고 생각합니다. 그 속에서 학생 자치도 큰 몫을 했습니다."

한창 나이의 사춘기 아이들이 모인 교실에서 전혀 사건 사고가 일어나지 않는다면 오히려 이상한 일 아닐까. 하지만 삼정중학교에서는 교사의 일방적인 징계가 아니라 학생들 스스로 문제를 해결하려고 노력한다는 점을 곳곳에서 확인할 수 있었다.

축제가 열리던 날 2학년 복도에 붙어 있던 학생 자치부의 벽보에는 이렇게 적혀 있었다.

허락 없이 수업에 늦게 들어오거나, 수업 시간에 돌아다니는 아이는 경고를 받으면 방과 후 핸드폰을 압수한 채 교실에 남아 명심보감을 써야 한다. 그리고 나의 다짐을 쓰고 부모님의 답글을 받아 와야 한다.

해골과 뼈다귀까지 그려진 익살스러운 경고문에는 "교사의 지시에 따르지 않으면 학생 자치부로 넘김"이라는 마지막 문구가 특별히 강조돼 있었다.

학생 자치부는 지난 2013년 법제부에서 자치부로 이름을 바꾼 학생회 부서인데, 학생들이 직접 만든 생활 규정을 잘 지켜 학교 분위기를 평화롭게 만들자는 취지로 꾸려진 자율 조직이다. 급식 시간에 질서 지키기, 친구끼리 욕하지 않기, 교복 고쳐 입지 않기 등 다른 학교 같으면 교사들이 규제하는 것들을 학생 스스로 회의에서 합의하고 결정해 실천에 옮겼다.

현재 삼정중학교 학생회는 자치부, 미디어국, 행사부, 절전부, 홍보부, 총무부서로 이루어져 있는데, 여기 참여하는 인원만 전체 학생의 3분의 1 이상이다. 학생회 임원들은 매주 수요일 아침이면 학생회의실에 모여 정기적으로 회의를 갖는 것은 기본이고, 중요한 행사가 있으면 빈번히 모임을 갖는데 워낙 학생회가 주관하는 활동과 행사가 많다 보니 자주 만날 수밖에 없다. 임원 회의나 대의원 회의 또는 전체 학급 회의 소집도 교사가 시켜서 하는 것이 아니라 학생회가 필요할 때 주제와 시기를 결정하기 때문에 회의 분위기도 남다르다고 했다. 심지어 학생회에서 일주일에 한 번 또는 최소 한 달에 두 번씩 학급 자치 시간을 편성해 달라고 학교에 요구할 정도라고, 교사들이 먼저 혀를 내둘렀다.

이제 삼정중학교 교사들은 "학생회 활동이 무엇보다 중요한 학습이자, 청소년들의 특권이어야 한다"고 믿는다. 학교가 학생 자치를 통해 민주 시민을 길러 내는 교육의 장으로 거듭나야 한다는 데 대한 책임감도 느낀다. 학생회 활동을 통해 배운 행복한 자치의 경험은 졸업 후에도 지속될 것이기 때문이다.

삼정중학교는 속도 경쟁과는 다른 가치를 추구하고자 교사들이 모인 혁신 학교다. 초록별온새로미 축제도 '지역 사회와 함께하는

경 고 문

*☆허락없이 늦게 들어오는아이,
　　수업시간 돌아다니는 아이☆*

1. 3차 경고·받으면 (모든교과 선생님들)

(1차) 방과후 핸드폰 압수 후 교실에 남아 명심보감
    안 (주선 20행이상) 쓰기
    　　　쓰면 1시간

(2차) 1차 + "나의 다짐" 쓰고 부모님 답글 확인 받아오기

2. 교사의 지시에 따르지 않으면 연성 자치법정
    　　　　　　　　　　　　　　　　　넘기기

어서와

행사부는 처음이지?

들어올땐 마음대로지만 나갈땐 아니란다.

생태 환경 교육'을 혁신 학교의 6대 중점 과제로 선정했기 때문에 더욱 힘을 가질 수 있었다. 실제로 축제는 학교가 지역 사회와 만나면 교실 밖에서도 얼마든지 좋은 교사들을 만날 수 있다는 사실을 깨닫는 자리이기도 했다. 이는 교사가 먼저 문을 활짝 열었기 때문에 가능한 일이라고 느껴졌다.

하지만 한편으로 교사에게 혁신 학교는 불편한 선택일 수도 있겠다는 생각이 들었다. 삼정중학교에서 만난 교사들은 자기 맡은 과목의 진도를 맞추기도 바쁠 텐데 늘 함께 모여 수업 연구를 하고, 지역 사회단체와 연계해 현장 체험 학습까지 열심이었다. 일부러 고단한 방법으로 느리게 에돌아가는 길을 택하고 있었다.

축제에서 알뜰 장터를 운영한 가정과 오소라 교사에게, 사실 좀 피곤하지 않느냐고 운을 띄워 속내를 물어보았다. 오소라 씨는 올해 삼정중학교로 처음 부임한 새내기 교사였다.

"처음엔 힘들었어요. 원래 다 그런 줄 알았는데 다른 학교 동기들 얘기를 들어 보니 우리 학교가 많이 다르더라고요. 처음엔 수업 연구회 때문에 힘도 들었는데, 이젠 선배들이 이렇게 잘 챙겨 주는 곳이 없다는 것도 알았어요."

드디어 교사가 되었다. 지금껏 교사가 되기 위해 배운 것들을 마음껏 펼칠 수 있다. 이제 비로소 가르치는 사람이 된 것이다. 그렇지만 교사로 학생 앞에 선 그 순간부터 그는 다시 배워야 한다. 어쩌면 그때부터 진짜 배움이 시작되는 것인지도 모른다. 열정은 차고 넘치지만 아이들이 배우는 것을 즐거워하지 않고, 학교보다 학원을 신뢰하는 모습 앞에서 많은 새내기 교사들이 좌절한다. 그리고 절망이 깊어지면 포기도 하고 무신경해지기도 한다. 결국 그런 자신을 바라보면서 정체성의 혼란과 죄책감마저 느끼는 것이 교사이다.

하지만 삼정중학교에서는 현장에서 먼저 그런 어려움을 겪었던 선배 교사들이 후배에게 손을 내밀고 있었다. 교사와 학생이 함께 행복하게 성장하기 바라는 배움의 공동체를 꿈꾸는 사람들이다. 이런 분위기는 신입 교사뿐 아니라 학부모들도 느끼고 있었다.

축제에서 어머니들과 친환경 먹을거리 장터 봉사를 했던 1학년 학부모 임정은 씨는 아이가 다니던 초등학교와는 분위기가 확연히 다르다고 했다.

"첫인상은 건물만 보고 학교가 감옥 같다고 생각했어요. 그런데 선생님들을 만나 보니 격의 없이 편안했어요. 아이를 키우는 부모로 함께 마음을 나누는 것처럼 따뜻했거든요. 아이도 학교 가는 걸 즐거워하고, 저도 이제 학교가 어렵지 않아요."

그는 아이가 초등학교에 다닐 때 학부모회 회장까지 맡아 보았는데, 선생님과 학부모 관계가 어려워서 많이 힘들었다. 그러나 삼정중학교에서는 학부모와 마을을 향해 교사들이 마음을 열고, 학교의 문턱부터 없애려는 진심 어린 노력들이 느껴진다고 했다.

"아무리 좋은 뜻이 있어도 혼자 하면 소용이 없어요. 나는 과학 시간에 환경이 중요하다고 열심히 가르치는데, 기술 시간에는 산업 발전의 성과만 이야기하면 아이들이 얼마나 혼란스럽겠어요. 그래서 교사가 먼저 통합적인 마인드로 함께하자고 마음을 모았어요."

김승규 선생은 교사들끼리 먼저 서로의 경계를 허물고 보니, 교사와 학생 그리고 학교와 학부모의 관계도 한결 편안해졌다고 했다. 그는 2014년 삼정중학교 학생 자치 활동 보고서에도 '행복한 학교를 원한다면 어떻게 할 것인가'에 대해 이렇게 답했다.

> 답은 간명하다. 교사, 학생, 학부모 모두가 함께 소통하고 협력함으로써 집단 지성의 힘을 발휘하여 '가고 싶은 학교! 즐거운 학교! 안심하고 보내고 싶은 학교! 우리 모두가 행복한 학교!'를 위하여 노력할 때만이 가능한 일이라고 생각한다. 그러기 위해서는 교사는 교사 자치, 학생은 학생 자치, 학부모는 학부모 자치가 필요한 것이다. (……) 교사, 학생, 학부모가 교육의 3주체가 서로 소통하고 협력하는 (……) 학교 자치가 얼마나 중요한지 만나는 사람마다 이야기하고 싶다. 여기서 더 나아가 지역 사회와 소통하고 협력하여 마을 속의 학교로 자리매김할 때 비로소 학교는 평화로운 학교, 행복한 학교, 지속 가능한 사회를 꿈꾸는 학교가 될 수 있을 것이다. 마을이 학교라고 하지 않는가!

축제에서 돌아와 지난 2013년 12월 31일에 발행한 학교 신문 〈삼정소식〉 창간호에 실린 '학생의 눈'이라는 코너에서 '초록 축제를 바라보는 3인 3색의 시선'이란 글을 읽었다. 처음 열린 야간 축제에 대해 학생들 스스로 평가하는 글이었다. "말로만 '환경'을 중요시하는 축제고 행동들은 노는 데 급급한 학생들을 보면서 이게 환경 축제 맞나? 의심을 하게 될 정도였다."는 비판에서부터, "무대 공연과 야간 축제로 축제의 규모는 성장했지만 주된 취지가 약해졌다."는 반성의 목소리까지 있었다. 반면 "귀신의 집을 만든 재료들 모두 재활용품을 이용했고, 전체적으로 일회용품 사용을 줄이는 등, 초록 축제의 본분을 잊지 않으려고 노력하면서 모두가 즐겁게 놀 수 있도록 노력한 축제였다."는 긍정적인 평가도 함께 있었다.

올해 축제는 공연 무대가 더 넓어져 비용도 추가되었고, 야간 축제 시간도 연장이 되었다고 했다. 과연 학생들은 이번 축제에 대해서는 어떻게 평가하게 될까 궁금했다. 혹시 눈에 보이는 규모만 보고 비용과 에너지를 많이 썼다고 평가할 사람이 있을까. 무대를 넓힌 것은 참가자들의 자유로운 공연을 보장하면서 안전을 고려한 선택이었다. 축제 시간을 늘리는 대신 안전한 귀가를 위해 학생들 스스로 지혜를 짜내기도 했다. 그럼에도 무대 위에 펼쳐진 공연만 보고 유행가 일색이었다고, 환경과 무슨 상관이 있냐고 말하는 사람이 있을까.

만일 오디션 참가자를 결정하기까지 학생회가 보여 준 따뜻한 의사 결정 과정과 무대 위에 오른 학생과 객석에서 박수갈채를 보내던 친구들 사이에 흐르던 우정을 보지 못한다면, 성과와 경쟁에만 눈이 먼 장님일 것이다. 그것은 마치 삼정 절전소를 눈에 보이는 계량기 수치와 전기 요금 고지서로만 판단하려는 어리석

은 태도와 같다. 삼정 절전소는 단지 에너지를 절약하는 곳이 아니라 서로에 대한 신뢰와 사랑을 바탕으로 한 새로운 형태의 발전소였다.

신명 난 아이들의 축제는 절전소가 새로운 에너지를 만드는 불씨였다는 것을 보여 주었다. 하지만 절전소가 정말 필요한 곳은 학교가 아니라는 사실도 분명히 알려 주었다. 학교에서 절전을 가르치기 전에 지속 가능한 사회를 위한 올바른 에너지 정책 수립이 우선임을 아이들은 이미 알고 있었다.

함께 배우고 즐기며 자라는, 삶이 곧 축제여야 한다는 걸 온몸으로 보여 준 삼정의 학생들, 그들이 말했다. 절전소는 대화와 소

통은 마다한 채 원전을 중단할 수 없고 고압 송전탑은 꼭 필요하다는 말만 되풀이하는 세상에, 속도와 물질의 풍요만 쫓는 어른들에게 먼저 필요하다고.

글 김선미

이제는 '마을 교육 문화 공동체'를 향해

김승규

삼정중학교가 있는 방화동의 송화초등학교에서 '우리도 탈핵이 가능하다!'라는 주제로 '징검다리마을학교'가 주최한 마을 주민 교양 강좌에서 100여 명이 넘는 지역 주민, 교사, 학부모들이 모인 가운데 김익중 교수께서 열변을 토했다.

핵발전소를 설계하고 만들었던 과학자들은 앞으로 영원히 저주받아 마땅하다!

이 강의를 들으면서, 그러면 그들을 길러 낸 교육자들은 어떠한가 하는 생각에 섬뜩했다. 우리의 책임이 그들만큼은 아니더라도 결코 가벼이 넘길 수 없다는 생각에 지난 4년간 운영해 온 삼정중학교 탄소 줄이기 통합 교육 과정을 더욱 내실 있게 다듬어야겠다는 생각이 들었다. 2015학년도부터는 학교를 옮겨 마곡중학교에서 근무하게 되었는데 운 좋게도 지난 4년간 교보교육재단 사업 때문에 알게 된 서민수 선생님과 함께하는 행운까지 겹쳐서 더욱 큰 기대가 크다.

굳이 삼정중학교가 통합 교육 과정을 운영하게 된 것은 현 세기 우리가 당면하고 있는 기후 변화나 핵발전소 문제, 에너지 문제를 비롯한 생태계 파괴를 우리 교육이 결코 외면해서는 안 된다는 절박한 심정에서 비롯된 것인데, 첫째 단순히 교과 교육만으로는 부족하고 효과도 그리 크지 않다는 판단이 하나였고, 둘째 우리의 생태 환경을 위해서는 생명의 소중함과 신비함을 느낄 수 있는 감성이 필요하며 이를 위해서는 지역 사회와 함께하는 체험 학습이 적절하며, 셋째 실천과 홍보가 필요했기에 학생회에 삼정 절전소를 두어 직접 에너지 절약을 실천하고 홍보하고자 했던 것이다. 우린 환경 문제를 이야기할 때 '전 지구적으로 사고하고, 우리 지역에서 실천하자!'라는 말을 자주 하는데 학교가 지역 사회에서 유리되어서는 안 된다고 생각한다. 그동안 통합 교육 과정을 운영하면서 지역 사회와 함께해 왔고 그것이 디딤돌이 되어 지금은 민·관·학의 거버넌스를 구축하여 '마을 교육 문화 공동체'를 만들어 가고 있는 중이다.

2014년 12월 삼정중학교의 '2기 혁신 학교 준비를 위한 워크숍' 장면이 떠오른다. 교사들은 수업 혁신을 한 단계 더 심화하기 위한 방안으로 통합 교과 프로젝트 수업이나 범교과 수업 연구회의 필요성을 제안하고 논의하는가 하면 학생 자치 활동을 어떻게 유지 발전시킬 것인지 논의하고 있었다. 삼정중학교는 2011년 진보 교육

감 탄생과 함께 혁신 학교가 되었으며 학교의 중요 역점 사업으로 '탄소 줄이기 통합 교육 과정'을 운영하게 되었던 것인데 올해로 5년째 운영되면서 점점 그 깊이가 더한 것 같아 다행스럽다.

삼정중학교는 혁신학교 운영 4년 동안 수업 혁신, 학생 자치 활동, 돌봄 교육 등 어느 하나 할 것 없이 큰 변화를 이끌어 내 서울의 혁신 학교 발전에 큰 힘이 되었고 최근에는 서울뿐 아니라 전국의 많은 학교에서 삼정중학교를 벤치마킹하고자 도움을 요청하고 직접 찾아오는 사례도 적지 않다. '탄소 줄이기 통합 교육 과정'의 운영도 큰 몫을 했다. 특히, 2기 혁신 학교를 향해서 가는 과정에 수업 혁신을 한 단계 더 심화시키기 위해서 프로젝트 수업 연구회와 범교과 프로젝트 수업을 활성화하고자 하는 것은 '탄소 줄이기 통합 교과 프로젝트 수업'을 한 단계 진전시킬 수 있고, 학생회의 에너지 절약 실천 활동인 삼정 절전소 활동이나 에너지 축제 푸른별온새미로 삼정 한마당(생태 환경을 주제로 한 초록 축제) 등 에너지 절약 실천이나 탄소 줄이기 홍보 활동은 바로 학생 자치 활동의 몫으로서 통합 교육 과정의 교과 교육, 체험 학습과 함께 큰 축을 담당하고 있어서 학생 자치 활동이 앞으로도 더욱 발전할 수 있을 거란 기대를 갖게 한다. 이렇듯 '탄소 줄이기 통합 교육 과정'의 운영이 5년째 이어지고 있을 뿐 아니라 앞으로도 더욱 발전할 수 있을 거라 생각하니 참으로 다행스럽고 뿌듯하기까지 하지만 고개를 돌려 우리 사회를 돌아보면 후쿠시마의 핵폭발이 인류에 재앙을 안겨 주고 있음에도 세월호, 밀양 송전탑이나 최근 월성

1호기 재가동 승인 등을 바로 우리 눈앞에서 바라봐야 하는 심정은 참으로 참담하기 그지없다. 하지만 힘을 내 본다. 삼척 주민들이 핵발전소를 거부하는 것이나 고리 1호기가 폐쇄될 거란 소식은 한 가닥 희망을 안겨 주고 있고 그동안 만났던 뜻을 같이하는 많은 사람들을 볼 때 '탈핵'이 결코 불가능한 것은 아니라고 생각한다. 탈핵은 가능할 것이다. 탈핵뿐 아니라 우리 모두가 공존할 수 있는 생태계가 가능할 거라 믿는다.

2015학년도부터는 마곡중학교로 옮기게 되었는데, 마곡중은 신설 학교이자 혁신 학교이고 삼정중 바로 옆 동네에 있어서 삼정중과 협력하고 그동안 함께해 주었던 지역 사회의 시민 단체나 마을 학교, 지역 주민들뿐 아니라 강서구청과도 협력하여 민·관·학 거버넌스에 의한 '마을 교육 문화 공동체'를 만들어 지역 사회의 지원을 받아 학교 교육을 더욱 알차게 하는 것은 물론, 우리 마을도 에너지 전환을 비롯한 생태 환경과 문화·예술·체육 활동 등이 지역 주민들 간에 활발히 이루어질 수 있는 마을 공동체를 만들고자 하는 꿈을 꾸게 될 수 있게 되었고 실제 조금씩 진전을 이루어 가고 있다.

여기에 이르기까지 성원해 주신 많은 분들이 생각난다. 그동안 눈코 뜰 새 없는 바쁜 와중에도 큰 힘을 보태 준 서 국장님, 송헌석 과장님을 비롯한 교보교육재단 관계자 분들의 헌신적인 지원과 이선경 교수님을 비롯한 컨설팅 단의 식견이 자칫 방만할 수 있는 활동의 줄기를 바로잡아 주고 통합 교과 교육에 힘을 실어 주는 것은 물론 삼정 절전소의 아이디어를 제공해 주는 등 적절한 조언을 해 주었던 것은 큰 힘이 되었다. 특히, 1년의 단기적인 성과에 연연하지 않고 3년 동안 꾸준한 자기 성찰과 지역 네트워크를 통한 활동이 이루어지도록 방향을 잡아 주었던 것은 매우 적절한 시도였다는 생각이 든다. 바로 이런 것들에 힘입어 강서 지역에서는 민·관·학 거버넌스에 의한 '마을 교육 문화 공동체'가 만들어지고 있다.

무엇보다 함께해 준 동료 교사들, 늘 뜻을 같이해 주었고 앞으로도 같이할 지역 시민 사회단체, 마을 학교의 모든 분들의 고마움도 잊을 수 없고, 정말 예쁘고 사랑스러운 삼정중학교 우리 학생들도 고맙고 그동안 많은 부족함에도 이해해 주고 협조해 주신 학부모님들께도 고마운 마음을 전한다. 끝으로 교보교육재단의 1기 사업뿐 아니라 이어지고 있는 숭문중의 탈핵 활동이나 의정부여중의 생태 환경 교육을 비롯한 많은 학교들의 활동을 보면서 기대가 크다. 아무쪼록 뜻깊은 결실을 맺어 앞으로도 우리의 생태계 복원에 큰 힘이 되길 바라며 삼정중학교 또한 더욱 발전하여 더불어 살아가는 아름다운 공동체 문화에 앞장서 줄 것을 소망한다.

교과 교육, 체험 학습, 실천 활동이 하나로

이선경

삼정중학교는 2011년 서울형 혁신 학교로 지정되었다. 학교 운영의 6대 과제를 정하였는데, '지역 사회와 함께하는 생태 환경 교육'이 그중 하나였다. 이를 실현하기 위해 교보교육재단에서 지원하는 학교 환경 교육 공모 사업에 '탄소 줄이기 통합 교육 과정 만들기'라는 주제로 참여해, 선정되었다.

사업의 담당자인 김승규 선생님은 과학 선생님으로 몇 년 전부터 통합 교육 과정과 지역 사회가 함께하는 축제를 수행해 왔다. 관심 있는 선생님들이 시간이 되는 대로 참여하긴 했지만 주로 김승규 선생님이 일을 도맡아 왔다. 전문가들과 협의를 거치면서 '탄소 줄이기' 교육 과정의 개발이 중심이 되어, 좀 더 명확한 목표와 색깔을 가질 수 있도록 하고, 또 다른 선생님들과도 긴밀히 협력할 수 있도록 제안이 이루어졌다. 이후 이 사업은 담당 선생님과 환경 교육 전문가, 실천가들과 함께 만들어 가는 파트너십 형태로 진행되었다.

삼정중학교의 환경 교육 사업은 크게 여러 교과가 연계한 통합 교육 과정의 운영, 지역 사회단체들과 함께하는 체험 학습의 운영, 학생회 주관의 초록 축제인 푸른별온새미로 삼정 한마당 개최로 구성된다. 거기에 학생회 산하 부서로 삼정 절전소의 운영을 포함하고 있다.

삼정 절전소는 학교 내 에너지 사용을 감시하고, 절약하는 학생들의 자치 조직이다. 2011년 8월 전문가 지원단의 첫 멘토링을 통해 탄생했다. 삼정중학교의 책임 멘토였던 필자와 에너지 기후 변화 전문가, 생태 교육 전문가, 생태 교구 전문가, 교보교육재단 관계자와 삼정중학교의 교장·교감 선생님 등 여러 선생님들이 만나는 자리에서 다양한 아이디어가 나왔다. 이때 참석한 에너지 기후 변화 전문가가 삼정중학교의 목표가 '탄소 줄이기'인 만큼 실제로 에너지 사용을 가시적으로 줄이는 활동이 이루어지면 좋겠다는 제안을 했다.

김승규 선생님은 이를 적극적으로 받아들였고, 마침 담당하고 있던 학생회 활동과 연계하게 되었다. 다소 형식적이고 제한적이던 학생회 활동에 자치를 강화하고, 에너지 절약 활동을 모니터하는 그룹을 만들었다. 이후 학생들은 스스로 활동을 계획하고 실행하게 되었다. 학생들은 먼저 에너지 사용 실태를 조사했다. 빈 교실의 전등, 냉방기, 난방기 등이 가동되는 것을 목격하고 먼저 빈 교실 불 끄기, 냉방·난방기 끄기를 시작했다. 그리고 수업 시간에 꼭 켜지 않아도 되는 창가 쪽 불을 끄자는 제안이 있었고 현재는 대부분의 교실에서 일반화되었다. 이렇게 해서 첫해 전기 에너지 사용량이 약 20%까지 줄어들었다. 이후에도 10%선은 유지하고 있다.

통합 교육 과정은 여러 교과에서 탄소 줄이기와 관련된 내용을 담고자 노력하는 것이다. 그러나 3년여 내내 모든 학년, 모든 해가 활발할 수는 없다. 학기 초부터 자주 만나 교육 과정 속에 에너지 기후 변화 관련 내용을 포함할 여지를 탐색하고 실행에 옮기려 노력하는 교사들이 많은 학년은 잘 운영되었지만 그렇지 않은 경우는 활발하지 못했다.

삼정중학교에서는 통합 교과 교육을 위한 연구 모임을 만들어, 학년별로 주제를 정하여 각 교과별로 교육을 했다. 1학년에서는 기후 변화와 생물 다양성, 2학년에서는 에너지 절약과 식생활 개선, 3학년에서는 탈핵 교육과 신재생 에너지 등 대안 에너지를 탐색하는 과정으로 심화된다.

첫해에는 다소 느슨하게 운영이 되었지만, 시간이 갈수록 탄소 줄이기에 집중했다. 다음 해에는 학기 초반에 연구 모임을 통해 계획을 세우고, 교육 과정 내 요소를 찾고 이를 수행하는 형태로 안정화되었다. 이후 계속 이어 나가고 있다. 예를 들면 과학과 광합성에 관련된 수업에 숲의 탄소 흡수력을 계산하는 내용을 포함하고, 국어 시간에 기후 변화와 에너지에 관련된 문제를 논의하거나 말하는 수업이 이루어진다. 이를 배움의 공동체 수업과 연계하여 학생들의 협력 기회를 제공하기도 한다.

멘토링을 담당하는 환경 교육 전문가는 교육 과정 논의에 참여하기도 하고, 운영이 끝난 후 평가 회의에 참여하기도 한다. 성과를 함께 나누고, 계획에 의견을 주는 '비판적인 친구critical friend'이다. 2014년에는 3년의 지원이 끝났지만 의미 있는 성과를 인정받아, 추가 지원을 받았다. 교사들이 성대골 마을의 절전소 활동도 벤치마킹하는 등 학습 공동체가 활성화되었다. 2014년에는 지원 사업이 끝났는데도 7개 교과(국어, 영어, 수학, 과학, 기술가정, 음악, 도덕)와 2개의 비교과(영양, 진로) 등 총 11명의 교사가 매월 참여하여 에너지 기후 변화 문제를 연계하고자 노력하였다.

매년 가을에 열리는 초록 축제는 통합 교육 과정의 성과를 학교 내외 구성원과 공유하고, 지역 사회단체와 협력해 만드는, 놀며 배우는 축제라고 할 수 있다. 이 축제를 학생들이 계획하고, 참여하고, 마무리한다. 이 축제에서는 각 통합 교과 교육과 동아리 활동 등의 성과물도 전시하고, 지역 사회단체들과도 만나는 기회를 제공한다. 축제에서는 '송이'와 같은 지역 화폐를 사용한다. 학생들은 착한 일을 해 송이를 받아 모아 두거나, 축제 당일 아나바다 시장에 물건들을 가지고 오거나, 에너지 기후 변화나 공정 무역 관련 강의를 들어 송이를 취득해, 놀이나 먹을거리에 사용한다. 전통 놀이와 신나는 공연도 있다. 해가 갈수록 학생들의 자치가 커져서 2013~2014년에는 학생들이 전적으로 운영했다.

삼정중학교의 사례는 학교 전체적 접근을 통한 환경 교육을 잘 보여 준다. 학교에서 환경 교육이 제대로 되려면 교과, 특별 활동, 학교의 행사, 학교의 정책과 관리 등을 통해 학교 전체가 함께 노력해야 한다. 지역 사회와의 협력도 중요하다. 그래야 환경 교육이 학교 문화나 풍토를 바꾸는 데 기여할 수 있다. 열정이 있는 한 선생님의 헌신과 이를 신뢰하고 지원하는 교장 선생님, 이에 동참하는 선생님들의 학습 공동체가 학교를 어떻게 변화시킬 수 있는지 잘 보여 준다. 이 사업을 주도했던 김승규 선생님의 표현에 따르면, 매년 이 학교에서 50회 정도 열리던 폭력 관련 운영 위원회가, 마지막 해에는 한 번도 열리지 않았다고 한다. 환경 교육이 갖는 의미가 무엇인지 확실하게 말해 준다. 이 학교의 3년을 함께 지켜볼 수 있어 참으로 행복했다.

마음을
움직이는
까치밥

화원중학교 환경 교육 프로젝트

급식 식재료 표시에 담긴 자부심

밥상을 바꾼 조리원들의 땀과 사랑

건강한 햄버거를 사수하라

점심시간도 하나의 수업이다

따뜻한 밥심으로 아이들이 자란다

밥상에서 시작하는 교육 텃밭 만들기

학교 급식과 환경 교육이 어떻게 관련성이 있는지 그 본보기를 충분히 보여 준 화원중학교 이야기. 먹을거리의 생산부터 소비까지를 살펴보고, 교실 속 작은 텃밭과 학교 생태 텃밭 활동, 학생과 학부모가 참여하는 요리 체험 등을 통해 학교 급식이 어떤 교육적 역할을 해야 하는지를 보여 주었다.

화원중학교 가는 길은 미로 찾기를 하는 것 같았다. 다세대와 연립들이 촘촘히 들어선 주택가 깊숙이 학교가 있었다. 마을에 집들이 꽉 찬 다음 뒤늦게 학교가 들어섰기 때문에 교문 앞으로 쭉 뻗은 대로가 없다. 대신 골목 막다른 곳 성처럼 높은 축대 위 학교에서는 마을이 한눈에 내려다보인다.

　학교는 화곡 터널이 관통하는 까치산과 맞닿아 있는데, 이 산의 높이가 100미터도 안 되는 73.5미터다. 사람들은 얼마나 높아야 산이라 부르는 것일까. 본래 까치들은 인근에서 가장 높은 봉제산(매봉산)에 많이 서식했는데, 화곡동 개발과 함께 산자락까지 빼곡하게 집들이 들어서자 갈 곳을 잃었다. 결국 비교적 개발이 늦게 진행된 이곳 야산에 모여 둥지를 틀면서 까치산이란 이름까지 얻게 만들었다. 까치산이란 이름은 도시 개발로 인한 최초의 철거민이 까치였다는 사실을 말해 주는 셈이다.

　까치는 예로부터 기쁨을 알려 주는 새였지만 요즘은 유해 조수로 분류되고 있다. 농촌에서는 농작물 피해 때문에, 도시에서는 정전 사고 주범으로 몰려 미움을 받는다. 봄이면 한전에서 전신주 위 까치집과 전쟁까지 선포한다. 까치는 해마다 묵은 집을 고쳐 짓는데 바람이 불어오는 방향을 등지고 새로 출구를 만들기 때문에, 옛사람들은 까치집을 보고 일기를 예측했다. 좋은 소식을 불러온다는 믿음 때문에 까치를 위해 울타리에 일부러 나무를 심기도 했다는데……. 까치산 자락에 있는 화원중학교를 방문하는 동안 문득 까치 소리를 한 번도 듣지 못했다는 사실이 새삼 떠올랐다. 아니 사람들이 더는 까치 소리를 반가워하지 않는 세상에 살게 된 것이 어떤 의미일까 곰곰이 생각해 보았다.

급식 식재료 표시에 담긴 자부심

화원중학교는 학생 수가 880명에 이르는 큰 학교다. 같은 강서구에 있던 삼정중학교와 비교하면 학생 수가 두 배인데, 학교 면적은 비슷했다. 한 학급당 학생 수도 훨씬 많은데, 축대 위에 높이 솟은 5층 교사에 비해 운동장도 비좁았다. 좁은 공간에 많은 교실을 배치하려다 보니 건물 구조도 미로처럼 복잡해 혈기왕성한 아이들이 생활하기에 갑갑한 느낌이었다. 혁신 학교에 비해 열악한 일반 공립 학교의 교육 여건을 실감하게 해서 첫인상은 마음이 편치 않았다.

학교를 처음 방문한 날은 2014년 10월 31일 급식 시간이었는데, 학생 식당이 따로 없어서 교실마다 배식 차가 분주하게 움직이고 있었다. 중학교 교실의 점심시간은 정말 어수선했다. 갈 곳 잃은 까치 떼가 한데 모여든다면 이렇게 시끄럽지 않을까.

식당에서부터 엘리베이터로 옮겨진 음식들을 급식소 조리원들이 배식 손수레에 실어 각 반마다 옮겨 주면, 교실마다 그날의 배식 당번이 친구들에게 음식을 나누어 주었다. 와자지껄 소란스러웠지만 그래도 삼삼오오 짝을 지어 밥을 먹는 아이들 표정만큼은 밝았다. 아침을 거르고 학교로 달려오기 일쑤인 한창 나이의 학생들은 얼마나 점심이 기다려질까.

이날 급식의 식단은 서리태 밥, 얼갈이배추 된장국, 바싹 한우 불고기, 오징어 브로콜리 숙회, 초고추장, 배추김치, 머루 포도였다. 식단만 보고는 이 밥상에 담긴 가치를 온전히 이해할 수는 없었다. 교실에서 배식이 끝나고 학생들의 식사가 거의 끝나 갈 무렵 조리실 옆 작은 식당에서 화원중학교 영양 교사인 서민수 선생님과 함께 점심을 먹었다. 조리원들과 교사들이 식사하는 공간에는 학생들이 먹던 것과 똑같은 음식이 차려져 있었다.

밥은 누르스름한 빛깔에 식감이 거칠었다. 화원중학교의 밥은 잡곡이 섞이더라도 쌀은 꼭 쌀눈이 살아 있는 현미를 쓴다. 이걸 아이들이 제대로 먹을 수 있을까 궁금했다. 1학년 신입생들의 경우 3개월 정도 차츰 현미 양을 늘리는 방법으로 적응 기간을 거치기 때문에 대부분 익숙해져 있다고 했다.

"학생들에게 '고기 좋아하고 채소 싫어하는 아이들은 반드시 현미밥을 먹어야 한다. 그렇게라도 부족한 영양 섭취를 해야 한다'고 기회 있을 때마다 이야기해요."

처음에는 학생뿐 아니라 교사들 중에도 현미밥 먹는 것을 어려워하는 사람들이 있었지만 지금은 오히려 영양 교사에게 고마워한다고 했다.

사실 현미밥은 쌀을 오래 불려야 해서 밥을 짓는 과정도 번거롭다. 더구나 대량으로 밥을 쪄 내는 급식실에서 조리에 어려움이 많을 것이다.

"하루 전에 충분히 쌀을 불려 두었다가 밥을 지어요. 그래서 조리원들이 당번을 정해서 월요일에 밥 지을 쌀은 일요일에 나와서 담가 놓고 가세요."

일주일에 하루쯤 거를 수도 있는 일인데, 고집스러운 정성이 아닐 수 없다.

현미밥은 천천히 꼭꼭 씹어 먹어야 한다. 알알이 부서지는 것을 오롯이 느낄 정도로 오래 씹으면 입안에 단물이 가득 고인다. 그러나 쌀눈을 모두 제거한 흰쌀밥은 서너 번 씹는 둥 마는 둥 삼켜 버리기 일쑤다. 이렇게 밥을 빨리 먹는 것이야말로 비만의 지름길이다. 다이어트에 관심이 많은 학생들은 오히려 현미밥을 반긴다. 거친 밥을 삼키면서 현미밥을 짓는 데 훨씬 많은 수고가 담겨 있다는 것을 알면 분명 밥맛도 다르게 느껴질 것이다.

현미밥과 곁들인 얼갈이배추 된장국은 구수하고 담백했다. 조미료 맛이 강한 식당의 된장국과는 달랐는데, 국산 콩으로 만든 재래식 된장을 사용했다. 직접 장을 담글 수 없는 대신 가장 좋은 장을 골라 쓴다는 게 급식실의 원칙이라고 했다. 사실 일반 가정에서도 식품 공장에서 수입 콩으로 만든 된장을 쓰는 경우가 많은데, 인원이 많은 학교 급식에서는 쉽지 않은 선택이라 놀라웠다.

"우리 학교는 맞벌이 가정 학생들이 많아요. 부모님들이 바빠서 제대로 챙기지 못해 특히 인스턴트 음식을 많이 먹어요. 그래서 더욱 신경을 쓰는 부분이에요."

학생들이 학교 급식에서라도 제대로 된 음식의 맛을 접하지 못하면 본연의 미각을 영영 잃게 되리라는 염려 때문에 철저하게 원칙을 지킨다고 했다.

오징어 브로콜리 숙회에 함께 나오는 초고추장의 경우도 남다르다. 시판되는 완제품 초고추장이 아니라 직접 조리원들이 마늘, 매실액, 식초, 깨소금 등 갖은 양념을 해서 만든 것이다.

"저희는 한 통에 18만 원짜리 국산 전통 고추장을 써요. 다른 학교 급식실에서 쓰는 고추장의 세 배 가격이에요."

장의 경우 특별히 믿을 수 있는 제품을 꼼꼼히 고르지 않으면 원료에 주로 쓰이는 수입 대두에 GMO 혼입 가능성이 높기 때문에 각별히 신경을 쓰는 부분이라고 했다. 사실 시중에 시판되는 소스나 장류 대부분에 GMO 재료가 쓰였을 것으로 의심되지만. 우리 법률에서 간장, 식용유, 당류 등과 같은 식품은 GMO 표시 의무를 면제하고 있기 때문에 식재료 선택에서 더욱 꼼꼼한 주의를 기울

여야 하는 품목이다.

이날 아이들이 가장 좋아하는 메뉴는 단연 '바싹 한우 불고기'였다. 평소 화원중학교에서 사용하는 육류는 소고기의 경우 국내산 한우 가운데에서도 무항생제, 냉장 1등급을 쓴다. 돼지고기, 닭고기, 오리고기, 달걀의 경우도 모두 무항생제 냉장 1등급만 사용한다고 식재료 원산지 표시에 적혀 있었다.

다른 학교는 어떨까 궁금해 일부러 아이가 다녔던 A중학교 홈페이지에 올라온 같은 달 급식 게시판에서 식재료 정보를 확인해 보았다. 소고기는 국내산(육우), 돼지고기와 다른 육류는 그냥 국내산이라고만 표기되어 있었다. 식육 가공품의 경우도 화원중학교는 국내산 HACCP 인증, 무첨가물 제품이라고 자세히 소개한 반면, 다른 학교는 그냥 국내산이라고만 적혀 있었다. 수산물의 경우 A중학교는 연어 스테이크나 코다리 매콤 구이 같은 메뉴가 있는데도 원산지 정보는 표시되지 않았다. 반면 화원의 급식 식단표에는 "우리 학교는 수산물에 대한 방사능 안전성을 확보하기 위하여 일본 회유 어종인 참다랑어, 명태(북어, 코다리 포함), 고등어 사용을 제한하고 있습니다. 오징어의 경우 국립 수산물 품질 관리원의 품질 인증을 받은 국내산 오징어를 사용하고 동절기에 한시적으로 사용하는 조개류의 경우도 국내산만을 사용하고 있습니다."라는 설명이 함께 있었다. 식재료 정보를 이렇게까지 상세하게 소개하는 것은 그만큼 자신감이 있다는 뜻이다. 의무 표시 사항만 간단하게 적어 놓은 A중학교의 식단은, 보통 음식점에서 단속을 피해 마지

못해 적어 놓은 식재료 원산지 표기와 다를 바 없었다. 학부모의 입장에서 두 학교 급식에 쓰이는 재료들만 비교해 보아도 놀라운 차이가 보였다.

화원중학교는 밥 한 끼를 파는 식당이 아니라 교육의 장소라는 의미로 급식실 명패도 식생활 교육 센터라고 바꾸었다. 매달 식단 표를 소개하는 가정 통신문은 '화원 영양 소식'이라는 소식지 형태로 만들어 학생과 학부모가 건강한 밥상에 대해 함께 생각할 수 있도록 꾸미는데, 아래는 이곳에 실리는 '우리 화원 급식은 이렇게 다릅니다'라는 글이다.

1. 생명을 살리는 밥상
   • 우리 땅에서 나는 재료로 만듭니다.
   • 친환경 농축산물을 사용합니다.
   • 자연 식품과 제철 식품을 사용합니다.
   • 인스턴트, 가공식품, 조미료를 전혀 사용하지 않습니다.
   • 음식물 쓰레기를 퇴비로 만들어 학교 교육 텃밭에 활용합니다.

2. 건강을 지키는 밥상
   • 전통 식문화의 가치를 이해하고 우리 음식 문화를 지켜 갑니다.
   • 쌀눈이 있는 현미 잡곡밥을 먹습니다.

- 매일 30가지 이상의 재료를 사용하여 만듭니다.
- 저염, 저당, 저지방 조리법을 실천합니다.

3. 즐거움이 담긴 밥상
- 매월 첫째 주 금요일 생일 축하의 날을 운영합니다.
- '아침 먹고 으라차차' 캠페인을 통해 아침의 중요성을 배웁니다.
- 학교 텃밭을 통해 생산과 자연에 대한 감사의 마음을 갖습니다.
- 식품 알레르기 학생을 위하여 대체식과 제거식을 제공합니다.

사실 화원중학교의 첫인상은 학교 복도 구석구석 벽에 페인트칠이 벗겨진 곳도 많고, 화장실도 낡고 좁은 데다 학생 전용 식당마저 갖추지 못한 것을 보고 안타깝기만 했다. 그런데 최신 시설로 겉만 번듯한 학교와 비교할 수 없는 식생활 교육 센터의 정성 어린 밥상을 마주하고 보니 생각이 달라졌다.

밥상을 바꾼 조리원들의 땀과 사랑

화원중학교 무상 급식 단가 4100원은 서울시 교육청 50%, 서울시 30%, 강서구 20% 지원으로 꾸려진다. 다른 학교와 같은 예산으로 만드는 급식인데 어떻게 이렇게 다른 식재료를 쓸 수 있을까. 서민수 교사는 세 배나 비싼 고추장의 예를 들어 설명했다.

"6만 원짜리 고추장과 13만 원짜리 고추장의 차이가 큰 것 같아도 그날 전체 식재료 예산에서 보면 그리 큰돈이 아니에요. 급식에 쓰려면 한 번에 고추장이 3통 정도 필요해요. 하루 예산 360여만 원에서 제일 좋은 고추장을 써도 39만 원이에요."

다른 학교의 경우 아이들이 좋아한다고 생각하는 케이크 같은 후식용 가공식품에 쓰는 돈이 훨씬 많다고 했다.

"돈가스의 예를 들어도 완제품으로 나오는 가공식품이 1000원이라면 무항생제 생고기를 사서 직접 양념하고 무항생제 계란과 우리 밀 빵가루를 입혀 만들어도 600원이면 돼요. 훨씬 좋은 재료로 신선하게 만들 수 있어요. 이렇게 아끼는 비용으로 다른 식재료들을 최상으로 고를 수 있어요."

결국 좋은 식재료에 더해진 조리원들의 노동과 정성이 있었기에 가능한 결과라고 했다. 학교 급식에 자주 나가는 스파게티의 경우도 시판용 완제품 토마토소스를 쓰지 않고 생토마토를 삶아서 직접 만든다고 했다. 그래서 화원중학교 급식에서 스파게티는 토마토가 제철인 계절 음식으로만 제공된다. 스프도 분말 스프를 사서 쓰는 게 아니라 밀가루를 버터에 볶고, 감자를 삶아 으깨서 육수와 함께 끓이는 정통 방식대로 조리한다.

한동안은 GMO 위험 때문에 두반장이 들어가는 마파두부 같은 메뉴는 아예 만들지도 않았다. 최근에는 고추장과 된장을 섞고 건고추를 갈아 넣어 비슷한 맛을 내는 소스를 직접 개발해 메뉴가 훨씬 다양해졌다고 한다. 이렇게 조리원들과 함께 시판 소스를 사용하지 않고 건강한 재료로 맛을 내는 방법을 연구하다 보니, 어느새 요리책으로 엮을 수 있을 만큼 특별한 노하우와 레시피들이 쌓였다.

"보통 급식실 조리원은 대표 한 사람만 조리사 자격증이 있으면 되지만 저희는 급식실에서 함께 일하는 동안 새로 자격증을 따신 분들이 많아요. 그래서 조리원들 스스로 자부심이 대단하세요. 어느 날 양식 조리사 자격증을 따고 오신 분이 시험 볼 때도 시판용 우스터소스를 쓰는데, 우리는 다 만들어 쓴다고 자랑하셨어요."

이런 세세한 조리 과정보다 놀라운 것이 있었다. 식품 알레르기가 있는 학생들을 위해 별도의 재료로 음식을 따로 조리한다는 사실이다.

"저희 학교에 식품 알레르기가 있는 학생이 모두 26명이에요. 보통 불고기에는 잣가루를 고명으로 얹는데 잣이 들어간 음식을 먹으면 호흡 곤란이 오는 학생이 있어요. 그런 아이들에게 자기가 알아서 가려 먹으라는 건 너무 큰 상처예요. 더구나 알레르기가 있는 아이들은 어려서부터 아토피를 앓는 경우가 많아요. 이미 오랫동안 음식 때문에 소외당한 아이들인데 학교 급식에서도 차별할 수는 없으니까요."

순간 눈물이 핑 돌았다. 아이들에게 이렇게 정성스러운 밥상을 차려 주는 이들이 있다는 사실이 정말 고마웠다.

보통의 학교는 급식 게시판에 알레르기 정보만 표시하고 학생 스스로 가려 먹도록 하는 게 전부다. 그러나 화원중학교는 따로 조리한 음식을 이름표를 단 별도 도시락에 담아 교실까지 직접 가져다준다. 화원중학교 식단에 표시된 알레르기 정보는 매우 꼼꼼했다. 이날 식단의 서리태 밥은 대두, 얼갈이배추 된장국은 대두와 밀, 아황산염 그리고 배추김치에도 새우와 아황산염 등의 알레르기 정보가 표시되어 있었다. 반면 A중학교의 경우 몇몇 가공식품 위주로만 표시했는데, 근대 된장국에도 대두를 쓴 된장에 대한 알레르기 정보 표시가 없었다.

아니 화원중학교의 이런 노력이 남다른 게 아니라 당연한 것이어야 한다. 알레르기 가능성이 있으니 알아서 조심하라고 공지만 하는 다른 학교의 급식이 얼마나 폭력적인가. 장애인들에게 아무런 안전장치도 없는 도로에서 목숨을 부지하려면 알아서 조심하라고 하는 것과 무엇이 다른가. 우여곡절 끝에 어렵게 합의된 중학교 무상 급식이지만 아직 밥을 통한 배려와 돌봄의 교육 철학이 자리 잡기까지는 난관이 많다는 것을 깨닫는다.

오랜 시간 밥상에서 소외되었던 아이들이 자신만을 위해 특별하게 조리된 점심 한 끼에서 느끼게 될 조리원들의 따스한 정, 그보다 더 큰 교육이 어디 있을까. 그러고 보니 점심시간 배식 차를 밀며 분주하게 교실과 복도를 오가던 조리원들과 학생들 사이가 참 다정해 보였다.

그런데 한편으로는 똑같은 급여를 받고 일하는 조리원들 입장에서 보면 화원중학교 급식실은 노동 강도가 높다는 것이 문제였다. 더구나 학교 급식실 조리원은 비정규직이다. 아무리 좋은 뜻을 가진 밥상이라고 해도 한쪽의 일방적인 희생만으로 유지된다면 건강한 밥상이 될 수 없지 않은가. 이에 대하여 영양 교사의 생각을 물었다.

"맞아요. 저희 급식은 좋은 식재료도 중요하지만 조리원들의 땀과 정성이 담긴 특별한 밥상이에요. 늘 감사하죠. 그러면서 항상 이야기해요. 우리가 함께 일할 수 있는 것은 학생들이 있기 때문이다. 그 학생들을 내 자식처럼 잘 먹이는 게 우리도 잘 사는 길이라고요."

서민수 선생은 2008년 처음 영양 교사로 화원중학교에 발령을 받았는데, 2012년 중학교 무상 급식이 시작되었다. 이전까지 화원중학교는 7년간 위탁 급식을 해 오던 업체가 있었는데, 직영 급식으로 전환하면서 신규 조리원 채용 공고를 내야 했다. 위탁 급식업체에서 일하던 조리원들은 하루아침에 일자리를 잃어버리는 상황이었다. 기존 조리원들이 고스란히 고용 승계가 되기를 바랐지만 학교에선 규정상 신규 채용 공고를 내야만 했다. 그런데 다행히 다른 사람들이 아무도 지원을 하지 않아 위탁 업체에서 일하던 조리원들을 모두 다시 채용할 수 있었다고 했다.

"정말 다행이죠. 저희 학교가 워낙 외진 데 있어서 지원자가 없었던 모양이에요. 하지만 조리원들이 처음엔 많이 힘들어하셨어요.

기존 위탁 방식과 전혀 다르게 양념부터 일일이 손수 만들어 가야 되니 얼마나 고되게 느끼셨을지……. 아마 말로 다 표현 못 하실 거예요."

서민수 선생은 늘 조리원들에게 미안하고 감사할 따름이라고 했다.

점심시간이 끝난 뒤 조리원들의 휴게실에 들러 보았다. 설거지와 뒷정리까지 마친 조리원들이 바닥이 뜨끈한 방 안에서 차를 마시며 쉬고 있었다. 800여 명의 식사 준비와 마무리로 노곤해진 몸은 물에 젖은 솜처럼 무거울 것 같았다. 그럼에도 한솥밥을 먹는 식구들이 둘러앉은 방 안은 화기애애했다.

"우리가 선생님 덕분에 많이 배웠지요. 집에서도 음식이 달라졌다고 식구들이 좋아해요."

조리원들은 영양 교사인 서민수 선생에 대한 칭찬을 아끼지 않았다. 함께 일하는 동안 음식에 대해 새롭게 공부를 하게 된 것이 무엇보다 가장 보람 있다고 했다.

"다른 학교에서 일하는 분들 얘기 들어 보면 우리처럼은 절대 못 한다고 해요. 힘들긴 해도 보람 있어요."

화원중학교 친환경 급식은 이미 입소문이 나서 여러 경로를 통해 사례 발표를 하는 자리가 많이 있었다. 서민수 선생은 일부러 조리원들에게도 발표할 기회를 많이 주었는데 그때마다 곤혹을 치렀다.

"다른 학교 조리원님들이 그렇게 힘들게 일 못 한다고, 어디 가서 그런 소문 내지 말라고 항의하는 소리도 들으셨대요. 그러니 제가 우리 조리원님들께 늘 미안하고 감사할 따름이죠."

사실 대부분 4~50대 주부인 조리원들은 오랜 시간 몸에 배인 식생활 습관 때문에 음식에 대한 생각을 바꾸기가 쉽지 않다. 가족 중에 아토피로 고생하는 사람이 있거나 암과 같은 큰 병과 맞닥뜨렸을 때 지푸라기라도 잡는 심정으로 식생활을 바꾸기 위해 겨우 노력을 시작하는 게 일반적이다. 더구나 우리나라 중년 주부들은 인공 조미료를 귀한 명절 선물로 주고받던 시절에 유년을 보낸 세대다. 그들이 부엌의 주인이 되었을 때는 유통 시장 개방으로 값싼 수입 농산물과 질 낮은 가공식품들이 홍수처럼 밀려들었다. 전통 음식의 가치가 폄하되면서 어머니의 손맛을 공장의 조미료들이 대신하는 시대의 산증인이자 그것을 부추기는 장본인이기도 했다. 아무것도 모른 채 애써 위험한 밥상을 차려 왔던 것이다.

그랬던 조리원들이 이제는 자부심이 높아졌다고 했다. 영양 교사와 함께 책을 보고 연구하며 먹을거리의 중요성을 새롭게 알아가면서 자신들의 노동의 가치를 새롭게 깨닫게 되었기 때문이다. 급식이 단순히 학교에서 밥 한 끼를 때우는 것이 아니라 밥상을 통해 세상과 소통하는 따뜻한 교육의 장이라는 것을 공감하고, 조리원들이 직접 그 과정에 주도적으로 참여하고 있다는 긍지가 생긴 것이다. 그것은 돈으로는 환산할 수 없는 가치였다.

건강한 햄버거를 사수하라

두 번째 화원중학교를 방문한 날은 1학년 학생들의 자유 학기제 진로 탐색 수업이 있던 날이었다. 학생들이 탐색할 직업은 식생활 교육 전문가로, 영양 교사인 서민수 선생님이 직접 지도하는 수업이었다. '기술가정실' 칠판에는 '(   )를 위한 건강 햄버거 만들기'란 수업 제목과 요리 실습에 쓰일 재료들이 적혀 있었다. 점심시간이 끝나고 한참이 지난 시각, 본래 영양 교사는 하루 일과를 마무리 할 여유로운 시간이지만 서민수 선생은 수업 준비로 바빴다. 이전 기술 시간 수업으로 지저분해진 교실에서 그대로 요리를 하려니 마음이 놓이지 않아 교사가 직접 팔을 걷어붙이고 구석구석 청소를 하고 있었다.

수업 종이 울리자 아이들이 우르르 몰려 들어왔다. 여학생과 남학생이 골고루 섞여 있었다. 학생들 사이에서 영양 교사와 함께하는 먹을거리 수업은 인기가 많아 수업에 참여하려면 경쟁이 치열하다. 서민수 선생은 이미 지난 3년간 방과 후 학교 수업으로 '우리 밀 제빵 교실', '식품 안전 교실', '전통 음식 전문가 과정'과 창의 체험 활동으로 '꿈나무 요리 봉사 동아리' 등을 지도해 왔고, 학부모를 대상으로 한 학교 평생 교육 프로그램 '전통 음식 전문가 과정'과 학생과 학부모가 함께하는 교육 복지 주말 학교 프로그램 '우리家 요리사'도 운영해 왔다.

2013년 2학기부터 시범 운영을 시작한 중학교 자유 학기제는

2016년 모든 중학교 전면 시행을 앞두고 있다. 하지만 일선 교육 현장에서는 아직 많은 혼선을 빚고 있었다. 학생들의 꿈을 살리고 진로 탐색을 한다는 좋은 취지에도 불구하고 경험과 준비가 부족한 교사들에게는 막막한 과제이기 때문이다. 그러나 화원중학교에는 식생활과 관련된 다양한 교육 활동을 자발적으로 펼쳐 온 영양 교사 덕분에 학교에서 큰 짐의 일부를 덜었다.

학생들은 모둠별로 1인당 2개씩 햄버거를 만들 수 있는 재료들을 나누어 받았다. 햄버거 빵, 마요네즈, 식용유, 오이, 양상추, 토마토, 양파 그리고 햄버거 패티를 만들 다진 소고기와 계란 노른자

제목: 빛나는 별

제목: 내 얼굴은 밝다.

와 양념으로 소금, 후추가 준비되었다. 재료들은 소고기부터 빵, 채소들 모두 친환경 유기농 제품이었다.

요리에 들어가기 전에 햄버거란 무엇인가 함께 배울 수 있는 모둠 수업이 시작되었다. 정확히 말하면 시중에서 판매되는 패스트푸드점의 햄버거가 지구 환경에 어떤 영향을 끼치는지를 생각하는 것이다. 각 모둠원들에게 6장의 카드가 나누어졌다. 각자가 자기가 든 카드 속 이야기를 다른 모둠에 가서 설명을 하고, 다른 친구의 이야기도 들을 수 있도록 했다. 친구에게 새로운 사실을 가르쳐 주는 동시에 자신도 함께 배우는 방법이었다.

햄버거 패티로 쓰는 소고기는 대규모 공장식 축산업의 산물이다. 또 햄버거는 나라마다 고유한 식생활 전통을 무너뜨리고, 세계인들을 쉽고 빠르게 고기를 많이 먹는 미국식 식습관으로 변화시키는 일등 공신이기도 하다. 햄버거를 가장 많이 먹는 나라인 미국인들은 평균 1인당 1년에 300개의 햄버거를 먹는다고 한다.

전 세계가 미국처럼 햄버거를 많이 먹게 되면 지구에는 어떤 일이 일어나게 될까. 이미 오래전부터 소고기로 만들어질 소를 키우기 위해 울창한 숲이 베어져 거대한 목초지로 변했다. 소 떼에 짓밟힌 목초지는 빠르게 사막화가 진행되는데, 매년 우리 남한 땅만 한 면적이 황폐해지고 있다. 햄버거 패티용 소고기 100g은 지구의 녹색 허파인 열대 우림 1.5평이 사라진 대가로 만들어진 것이라는 계산이 나온다. 뿐만 아니라 1인분의 고기와 우유 한 잔을 얻기 위해서 우리는 소에게 11인분의 곡식을 먹여야 한다. 매년

4000~6000만 명이 영양실조로 죽어 가는 지구에서 사람이 먹을 곡식을 소들이 대신 먹어 치우고 있는 것이다. 그러면서 소들이 뿜어내는 메탄가스와 분뇨로 지구 생태계가 위협받고 있다. 학생들은 햄버거를 만들기 전에 이런 불편한 진실에 대해 이야기를 나누었다.

"요즘 아이들은 생일 파티를 패스트푸드점에서 해요. 무조건 햄버거가 나쁘다고만 할 게 아니라 재료에 대해 관심을 가질 필요가 있다고 생각했어요."

서민수 교사가 진로 탐색 수업에서 건강 햄버거 만들기 수업을

준비하게 된 이유였다.

그렇다면 아이들이 만들게 될 햄버거의 재료는 무엇이 다를까. 우선 빵은 우리 밀로 만든 것이다. 수입 밀로 만든 빵보다 우리 밀 빵이 좋다는 것은 단지 개인의 건강만 이야기하는 것이 아니다. 미국에서 온 수입 밀로 만든 제품은 우리 땅에서 자란 밀로 만든 것보다 8배 이상 많은 이산화탄소를 배출하게 된다. 모든 식품이 원산지에서 식탁에 오르기까지의 이동 거리를 따져 보면 먹을거리 발자국을 계산할 수 있다. 먹을거리 발자국에 온실가스 배출 계수를 곱하면 식품별 이산화탄소 배출량이 나온다. 예를 들어 전북 김제에서 재배한 우리 밀과 미국 토피카에서 온 수입 밀로 만든 빵 300g을 기준으로 계산하면 이산화탄소 배출량은 20g : 170g이 된다.

그러므로 식품의 원산지를 따져 우리 땅에서 나는 농산물을 고르면 지구 환경에 피해를 덜 주는 밥상을 차릴 수 있는 것이다. 더구나 벼를 베어 내고 난 빈 논에 심은 우리 밀은 겨우내 푸르게 자라나 맑은 공기를 만들어 주기까지 한다. 패티와 곁들인 채소도 모두 국내산 친환경 농산물이다. 그리고 가장 큰 차이는 아이들이 손수 주무르고 치대서 만드는 소고기 패티에 있었다.

햄버거가 지구 환경에 끼치는 영향에 대해 이야기를 나눈 아이들은 본격적인 조리 실습에 들어갔다. 채소 씻고 다듬기, 빵을 구워 표면에 마요네즈 바르기, 양파 썰어 볶기 그리고 제일 힘이 많이 들어가는 패티 반죽까지 서로 역할 분담을 한 아이들은 신이

났다. 패티를 만들려면 고기 반죽을 치대야 하는데, 국내산 무항생제 소고기에 계란 노른자와 소금, 후추만으로 재료 본연의 맛을 내기 위해서는 점성이 생길 때까지 오래 주물러야 했다.

아이들은 물컹물컹한 살코기를 손으로 만지면서 무슨 생각을 할까. 처음 살코기를 만져 보는 여학생들은 처음엔 곤혹스러운 표정을 짓다가 천천히 손의 온기와 하나 되는 촉감을 느끼려는 듯 편안해졌다. 장난기 가득한 사내아이 중에는 찰흙 놀이를 하듯 반죽을 그릇에 내던지며 재미있어하기도 했다. 패티가 완성돼 고기를 굽기 시작하자 군침을 돌게 하는 냄새가 솔솔 피어올랐다. 실습실 밖으로도 고기 굽는 냄새가 흘러갔고, 한창 식욕이 왕성한 중학생들에게 참기 힘든 유혹이 시작되었다.

중간에 휴식 시간 종이 울리기 전, 서민수 선생은 수업을 시작하면서 아이들과 약속한 대로 뒷문을 잠갔으니 정 화장실이 급한 사람만 앞문으로 조심히 다녀오라고 당부했다. 사연인즉, 지난 시간에 떡볶이 만들기를 하면서 겪은 난리 때문이었다. 쉬는 시간에 수업을 듣는 학생의 반 친구들이 우르르 몰려와 메뚜기 떼처럼 음식을 싹쓸이해 갔기 때문이다. 도저히 다음 수업을 이어 갈 수 없을 지경으로 교실은 초토화되었다고 한다. '제발 우리 음식을 지켜 달라'는 학생들의 요구와 수업 정상화를 위한 교사의 의지가 합세해 결국 뒷문에 자물쇠를 채우게 된 것이다. 그 모습을 지켜보는 나에게 서민수 교사는 '이따 너무 놀라지 말라'고 신신당부까지 했다.

드디어 종이 울렸다. 복도 끝에서 말발굽 소리가 들리는 것 같

더니 어느덧 새까맣게 몰려든 학생들이 뒷문을 두드리며 아우성을 쳤다. 저러다 문짝이 부서지면 어떻게 하나 걱정이 되었다. 가히 '햄버거 사수 대첩'이라 부를 만했다. 다음 시간 수업 종이 울릴 때까지 작은 유리창이 달린 미닫이문을 사이에 두고 한바탕 난리를 겪었다. 나는 처음엔 덜컥 겁도 났는데 자기들끼리 웃고 떠들며 재미있어하는 아이들을 보니 즐거웠다. 이 왁자지껄한 소리가 왕성한 생명의 에너지처럼 느껴져 좋았다. 이내 교실 안팎은 진정되었다. 아이들은 어렵게 지킨 햄버거를 먹으며 뿌듯해했다. 하나씩 포장을 해서 가져갈 수 있도록 여유 있게 만들었으니, 아마도 각자 교실로 돌아가면 또 한바탕 홍역을 치를지도 모른다. 평생 잊지 못할 햄버거 맛을 보았으리라.

얼마 전에도 이 교실에서는 다른 햄버거 만들기 실습이 있었다. 기술가정 수업이었는데, 시판용 냉동 패티를 가지고 햄버거를 만들었다고 한다. 서민수 교사는 학교로 배달된 냉동 패티를 보고 깜짝 놀랐는데, 소비자들이 시중에서 쉽게 구할 수 있는 식품 회사 제품이지만 영양 교사 입장에서 보면 식품 첨가물이 많아 화원중학교 급식에서는 사용하지 않는 재료였기 때문이다.

"제가 미리 알았으면 냉동이라도 더 좋은 제품을 골라 드렸을 텐데 안타까웠어요. 가정 선생님도 주어진 예산 안에서 고르다 보니 달리 방법이 없으셨던 모양이에요."

사실 학교 가정 교육은 식품의 영양소와 칼로리 위주의 기능적인 접근만 강조하면서 맛있게 먹고 나누는 음식 본연의 즐거움을 많이 잃어버렸다. 실제로 최근까지 가정 교과에서 다루는 의식주 전반에서도 식생활의 가치는 저평가되고 있었다. 식생활 교육 지원법이 만들어지고 먹을거리 전반에 대한 새로운 교육이 필요하다는 인식이 생긴 것도 그만큼 밥상의 품격이 낮아진 데 대한 사회적인 각성 때문이다.

패스트푸드점에서 사 먹는 햄버거와 냉동 패티를 굽고 시판 소스를 뿌려서 만들어 먹는 햄버거 그리고 햄버거에 들어가는 각각의 재료들이 어떻게 만들어졌는지 먼저 공부하고 조금이라도 지구 환경에 피해를 덜 주는 방법을 생각하며, 직접 고기를 주무르고 치대서 불편하지만 천천히 오랜 시간 정성을 들여 만든 햄버거. 모양은 비슷해도 햄버거를 먹는 사람이 느끼는 맛은 전혀 다를 것이다. 맛이란 단지 혀가 느끼는 화학적 반응이 아니라 먹을거리에 얽힌 우리와 이웃 그리고 자연과의 관계를 총체적으로 음미하는 의식과 마음의 산물이기 때문이다.

점심시간도 하나의 수업이다

우리는 흔히 '밥심'으로 산다고 이야기한다. 그런데 진정 밥이 삶을 유지하는 힘이 되는 길은 무엇일까. 쌀을 주식으로 삼은 우리 전통 식단은 육류와 유제품을 적게 섭취해도 충분히 힘이 나는 밥상이었다. 쌀눈이 살아 있는 현미밥에 단백질과 비타민이 풍부하기 때문이다. 시대별로 우리 밥그릇에 담긴 쌀의 양을 비교한 재미있는 실험 결과가 있는데, 고구려 시대 밥그릇은 쌀이 1300g, 고려 시대는 1040g, 조선시대는 690g이 들어가는 크기였다. 쌀 소비량을 통계로 낼 때 1인당 밥 한 공기를 100g으로 계산하는 오늘날과 비교하면 엄청난 차이다. 쌀이 귀한 조선 시대 사람들이 우리보다 6배나 밥을 많이 먹었다는 소리니 우리는 밥심이 부족해도 너무 모자란 세상에 살고 있는 것 아닐까.

농업 기술이 발달해 점차 쌀 생산량은 늘었지만 반대로 밥그릇의 크기는 줄어들고 있다. 교실에서 식판에 밥을 받는 학생들도 대부분 밥은 그릇의 반도 채우지 않고 있었다. 밥을 대신할 반찬들이 그만큼 풍부해졌다는 뜻인데, 그렇다고 요즘 식생활이 밥심으로 살던 때보다 건강하지도 않다. 밥 대신 고기를 많이 먹게 된 식생활은 개인뿐만 아니라 사회와 생태계 건강마저 해치고 있다. 우리 식탁에 오르는 고기는 풀 대신 사료 곡물로 살을 찌운다. 사람이 바로 먹을 수 있는 곡식을 동물이 먹어 계란이나 우유, 고기가 되면 원래 곡식이 가지고 있던 에너지는 10분의 1로 줄어든다.

미국의 공장식 축산에서 사육하는 육우의 경우, 소 한 마리가 사료로 식물성 단백질 790kg 이상을 먹어서 겨우 50kg 남짓한 동물성 단백질을 생산한다. 그러니 곡식으로 키운 고기를 먹는 일이 곡식을 직접 먹는 것과 비교하면 얼마나 비효율적인가.

우리 땅에서 자란 곡식을 중심으로 밥상을 다시 차리는 일은 우리 이웃인 농민들의 생존을 돕는 일이고, 식량 주권을 지키는 일이기도 하다. 또 우리가 밥심을 되찾는 일은 지구 생태계를 건강하게 만드는 과정이기도 하다. 우리가 밥을 먹고 힘써 매진해야 할 일은 사람과 사람이, 사람과 자연이 함께 사는 길을 모색하는 것이다. 그래서 화원중학교의 학교 환경 교육은 우리 삶의 근본인 밥으로부터 시작했다는 데 더욱 의미가 있다.

"저는 사실 환경 교육이 뭔지도 잘 몰랐어요. 그냥 친환경 무상급식이 시작되면서 우리 학교 아이들을 어떻게 하면 더 잘 먹일 수 있을까 고민하다가 무턱대고 시작했는데 그동안 너무 많은 것을 배웠어요."

처음 학교환경교육지원사업에 신청서를 낼 때 교장 선생님의 권유로 최근 화두인 ESD를 언급하라는 조언을 듣고도 그 뜻조차 몰랐다고 했다.

"지속 가능 발전 교육이란 말이 도대체 이해가 되지 않는 거예요. 그래서 '이건 오타구나' 생각하고 '지속 발전 가능'이라고 고쳐 쓸 정도로 무지했어요."

서민수 선생님에게 화원중학교는 영양 교사로 임용된 첫 학교였다. 이전까지는 식품 관련 대기업에서 일했는데, 일과 육아를 병행하기 힘들어서 제2의 인생으로 선택한 것이 영양 교사였다. 급식실에서 사용하는 식재료를 판매하는 기업의 입장에서만 일했던 그는 '지속 가능'보다 '발전'이 우선이라고 생각하는 게 당연했다. 그것은 성장 위주로 앞만 보고 달려오느라 밥상의 근본인 농업을 포기하고 공장 굴뚝만 쳐다보던 우리들의 자화상과 다르지 않았다.

서민수 교사는 학교 환경 교육 프로젝트를 시작하면서 처음 각계 전문가들이 멘토로 참여한 자리에서 지속 가능 발전 교육에 대한 눈이 트이면서 신선한 충격을 받았다. 이전까지 음식을 여러 영양소가 화학적으로 결합된 단순한 물질로만 생각했다면 밥상에서 정치, 사회, 경제, 생태적 관계들까지 들여다볼 수 있게 되었기 때문이다. 그러면서 자신의 위치와 역할에 대한 막중한 책임감도 깨달았다.

"우리 학교 1년 급식 예산이 5억 가까이 돼요. 이걸 내 마음대로 쓸 수 있으니 얼마나 큰 힘을 가진 거예요. 내가 이웃과 자연과의 관계를 생각하는 좋은 먹을거리를 선택한다면 우리나라 전체에도 커다란 영향을 끼칠 수 있다는 걸 알게 되었어요."

이전 기업에서 일할 때는 어떻게 하면 단가를 낮추고 이윤을 높일 것인가만 고민했다면, 이제는 아이들의 밥상을 바꾸어서 세상을 더욱 살기 좋은 곳으로 만드는 데 보탬이 될 수도 있다는 희망이 생긴 것이다. 그래서 자신을 바꾸어 놓은 행복한 변화들을 동료 교사들과도 열심히 나누기 시작했다.

"영양 교사나 교장 선생님을 대상으로 하는 연수에서 기회가 있을 때마다 이야기했어요. 자꾸 부딪히면서 대화를 하다 보니 제 스스로도 생각이 체계적으로 정리가 되는 것 같았어요."

결국 서민수 선생은 화원중학교 급식의 경험을 나누면서 함께 공감하는 교사들과 힘을 모아 서울시 중등영양교사연구회 이름으로 ESD 먹을거리 교재 개발까지 시작하게 되었다.

"우리 학교 아이들만 좋은 음식을 먹는다고 해결될 문제가 아니니까요." 그것은 '점심시간도 하나의 교실'이라는 책임감에서 출발한 일이었다. 그는 단순히 영양사가 아니라 영양 교사이기 때문이다. 배움과 철학이 있는 밥상으로 아이들을 건강하게 길러 내기 위한 교사로서의 책임감을 뛰어넘는, 세상 모든 아이들을 내 자식처럼 돌보려는 엄마의 마음이었다.

영양 교사는 비교과 교사로 정규직이지만, 영양사는 행정실 소속의 비정규직이다. 현재 서울시의 경우 영양 교사가 있는 곳은, 초등학교는 90%, 중학교는 60%인데, 고등학교는 10%도 안 된다고 했다.

"고등학교는 밥이야 알아서 엄마들이 잘해 먹일 텐데, 학교는 성적만 신경 쓰면 된다는 생각들 때문인 것 같아요. 결국 급식을 교육의 과정으로 인정하느냐 안 하느냐 차이인 것 같아요."

서민수 선생은 적어도 의무 교육 과정까지는 영양 교사가 교육에 참여할 수 있도록 제도적으로 뒷받침돼야 한다고 했다.

학교에 영양 교사와 영양사 중 누구를 채용할 것인지는 교장 재량에 달려 있다. 대부분 친환경 무상 급식을 반대했던 교장들일수록 영양사를 선호한다고 했다. 그러고 보니 화원중학교와 비교한 A 중학교 급식실은 영양사가 맡고 있었다. 밥상의 품격을 논하기 전에 비정규직인 영양사가 가진 권한의 한계와 그들의 열악한 처우까지 헤아려 보아야 된다는 데 생각이 미쳤다. 또 채용 문제는 학교 교사 전체 정원 수와도 연관이 있기 때문에 영양 교사 한 사람이 들어가면 교무실의 누군가가 자리를 내줘야 한다는 데도 문제가 있었다. 이는 영양 교사뿐 아니라 보건, 전문 상담, 사서 교사들이 함께 겪고 있는 어려움이다.

우리 아이들의 밥상과 건강을 책임지는 교사들이 국영수 과목처럼 대우받을 수는 없을까. 이와 함께 음악, 미술, 체육, 환경, 기술과정같이 삶을 즐기고 풍요롭게 하는 과목들도 '주요 과목'처럼 존중받을 수는 없을까. 아이들과 지금 당장 이 자리에서 행복할 방법을 찾지 않고, 불확실한 미래의 행복을 좇아 참고 견디라고 강요만 하는 우리 시대의 어리석음을 학교 급식을 통해서도 다시 확인했다.

따뜻한 밥심으로 아이들이 자란다

화원중학교를 방문했을 때 잊히지 않는 여학생이 있었다. 서민수 선생의 소개로 급식실부터 아이들이 가꾸던 텃밭이며, 음식 쓰레기로 만드는 퇴비장, 벼를 키워 내던 고무 대야 논까지 학교 구석구석을 구경할 때 복도에서 계단에서 여러 번 마주치던 학생이었다. 그런데 매번 만날 때마다 '선생님!' 하고 달려와 와락 끌어안고, 어린아이처럼 볼을 비비기까지 했다. 서민수 선생과 일 년 가까이 함께 밥을 먹던 '급식 친구'라고 했다. 한동안 학교생활에 적응을 하지 못해 힘들어했는데, 유일하게 요리에 관심이 있다는 것을 안 담임 교사의 부탁으로 영양 교사와 만나게 되었다. 교실에서도 친구들과 어울리지 못하고 혼자만의 벽을 쌓고 있던 학생인데, 혼자 밥을 먹는 게 싫어 일부러 점심시간도 피해 다녔다고 했다.

"그냥 아무 때고 급식실에 와서 같이 밥 먹자고 했어요."

엄마 같은 조리원 아주머니들과 영양 교사와 함께 밥을 먹으면서 아이는 차츰 밝아졌다고 했다. 함께 모인 자리에서는 자연히 음식 이야기를 많이 나누다 보니, 특성화 고등학교 조리학과 진학이라는 목표도 생기면서 공부도 열심히 하게 되었다.

"이제는 교실에서 친구들과 어울려서 밥을 먹어요. 참 이쁘죠."

덩치가 큰 여학생을 어린 아기처럼 사랑스럽게 바라보던 서민수 선생의 말이다.

함께 밥을 먹는다는 것은 이렇게 누군가와 마음을 나누는 일이다. 겨울나무 위에 열매를 남겨 까치밥을 주던 옛 사람들의 성정도 그런 것이리라. 씨앗을 심을 때 사람만 먹는 게 아니라 벌레와 새들 몫을 더해 한 구멍에 세 개씩 챙겨 넣던 농부도 마찬가지다. 밥을 나누는 것이 마음을 나누는 일이다. 친구와 나누고 이웃과 나누고 사람과 자연이 고루 나누어 먹는 밥, 그런 밥 한 그릇에 온 우주가 담겨 있다고 하지 않던가.

화원중학교를 떠날 때는 까치산으로 이어진 뒷문으로 숲을 따라 걸어 보았다. 그 많던 까치가 모였다 다시 떠났다는 산은 낮아도 숲이 우거져 아늑했다. 산책로를 잘 정돈해 학생들끼리 다니기에도 무서울 것 같지 않았다. 서울 한복판에서 이렇게 고즈넉한 숲으로 걸어 들어가는 멋진 통학로를 가진 학교가 또 있을까. 새들과 우정을 나누는 까치밥처럼, 이웃과 자연과 또 미래 세대와 함께 살아갈 수 있는 건강한 밥상이 기다리는 곳. 따뜻한 밥심으로 자라는 밝은 아이들이 있는 곳. 미로 같은 골목을 통과해 정문으로 학교를 찾아왔을 때 겉모습만 보고는 미처 알지 못한 것들이었다. 어쩌면 사물도, 사람도 눈에 보이지 않는 이면에 더 멋진 풍경이 숨어 있다는 사실을 우리는 종종 놓치고 있는지도 모른다.

글 김선미

학교 급식과 환경 교육

서민수

　3년간 학교 환경 교육 프로그램을 운영하면서 "학교 급식과 환경 교육이 어떤 관련이 있나요?"라는 질문을 참 많이 받은 것 같다. 2010년 6월 지방 선거 이후 친환경 무상 급식이 시작되면서 학교 급식에 대한 사회적 관심이 무척 높아졌고, 우리 학교부터 친환경 급식에 대해 고민하고 실천해 보자 하는 마음으로 학교환경교육지원사업에 신청서를 제출하게 되었다. 그때까지만 해도 '친환경 먹을거리'에 대한 나의 생각은 '친환경 인증 마크가 붙어 있는 농산물', '가격이 조금 비싸도 우리 아이들을 위해서 구입해야 하는 농산물'이라는 생각 정도였고, 프로그램이 끝나고 나면 영양 교사로서 친환경 먹을거리 교육을 통하여 학교 급식의 교육적 역할을 제대로 할 수 있으리라 기대하며 우리 학교의 친환경 먹을거리 프로그램은 시작되었다.

　우리 학교의 첫 번째 변화 노력은 학교 급식에서부터 시작되었다. 우리 땅에서 나는 제철 음식으로 식단을 작성하기로 마음먹고, 급식에 사용되는 식재료 하나하나에 관심을 가지고 살펴보았다. 먼 바다를 건너온 재료로 만든 가공식품과 양념藥念이라는 이름이 어울리지 않는 양념들을 시작으로 겨울딸기, 여름귤과 같이 많은 에너지를 소비해서 생산된 철 모르는 과일까지 무심코 선택했던 식재료를 보면서 반성하게 되었다. 당장 현미밥과 제철 채소·과일로 식단을 짜고, 재료와 조리법이 뒤섞인 퓨전 음식보다는 재료가 가진 고유의 맛을 느낄 수 있는 음식으로 식단을 구성하였다. 양념은 우리 땅에서 자란 재료로 만들고 발효시킨 된장, 간장, 고추장과 화학적 정제를 거치지 않은 비정제 원당, 천일염, 압착유로 모두 바꿔 나갔다.

우리 아이들 입맛에 맞지 않으면 어쩌나 했던 생각은 기우였다. 아이들도 담백하면서도 깊은 맛이 나는 우리 음식을 무척 좋아했다. 다만 가끔 특별하게 내는 스파게티, 돈가스 소스, 마파두부 같은 음식은 제철 채소와 기본양념만 가지고 그 맛을 만들어 내는 것이 어려워서 함께 근무하는 조리사 선생님들과 책을 찾고, 실험 조리를 해 보면서 맛을 내는 방법을 터득하게 되었다. 이제는 토마토가 제철인 여름이 오면 70kg이 넘는 생토마토를 데치고 끓여서 특별한 여름 별미 스파게티를 만들 수 있게 되었다.

일 년 동안 우리 학교에서 식재료 구입에 사용하는 예산은 4억이 조금 넘고, 전국의 모든 학교가 식재료 구입에 사용하는 예산은 3조 2천억이 넘는다(교육부, 2013). 이 예산이 모두 사람과 지역, 환경을 살리는 먹을거리에 사용된다면 우리나라의 식문화는 분명 지속 가능한 방향으로 바뀔 것이라고 믿는다. 매달 식단을 짤 때마다 공정하고 가치 있는 먹을거리의 확산을 응원하는 마음으로 친환경 먹을거리 교육의 장으로서 학교 급식 역할을 되새기게 된다.

우리 학교는 생태 텃밭을 활용한 생산 교육, 쌀 생산지 견학, 전통 음식 전문가 인증제, 교육 공동체가 함께하는 기초 조리 교육, 먹을거리 독서 활동, 미각 주간 운영 등 다양한 프로그램을 3년간 진행하였다. 이와 같은 프로그램을 계획할 때 내가 세운 큰 목표는 두 가지였다. 아이들 스스로 내가 어떠한 먹을거리를 선택하느냐에 따라 마을이 변할 수 있고, 나라가 변할 수 있고, 지구가 변할 수 있다는 것을 깨닫고, '내 선택의 가치와 중요성'을 실천하도록 하고 싶었다. 또 씨앗부터 식탁까지 오는 과정을 배움으로써 모든 음식의 재료가 살아 있는 것으로부터 온다는 것을 느끼고 항상 감사하는 마음으로 밥상을 마주하는 아이들이 되었으면 했다. 먹을거리와 얽혀 있는 복잡하고 불편한 사실들을 알게 될수록 내가 할 일이 더 많아졌다는 생각에 항상 마음이 바빴다.

특히 영양 교사는 교과 교사가 아니기에 교과서도 정규 수업 시간도 없다. 유기적으로 잘 연결된 교육 과정을 짠다는 것이 매우 힘든 실정이다. 그래서 영양과 관련된 수업은 식품첨가물, 편식 고치기, 당 섭취 줄이기와 같이 단편적인 주제가 대부분이다. 우리 학교가 세운 두 가지 목표를 이루기 위해서는 친환경 먹을거리 교육에 대한 큰 그림인 교육 과정과 그를 바탕으로 세분화된 그림이 필요하다고 생각했다. 서울 중등 영양 선생님들이 함께 뜻을 모아 교육 과정, 성취 기준, 단원 구성, 교수 학습 활동을 연구한 결과 청소년 먹을거리 교육을 위한 지도서를 개발하게 되었다. 수업 경험이 적은 우리들에게는 벅찬 도전이었지만, 함께였기에 가능했고 공감과 소통, 성찰의 기회가 되었던 것 같다.

3년간의 프로그램이 끝났고, 내가 세운 목표가 달성되었다고 자신할 수는 없겠다. 하지만 우리 아이들이 텃밭에서 감자를 캘 때에 한 알도 놓치지 않겠다고 집중하던 모습, 쫄깃한 우리 밀 식빵을 만들어 보겠다고 송골송골 땀방울 맺히도록 반죽을 치대던 모습, 교복 소매를 걷어붙이고 진지하게 김장 소를 넣던 모습, 오감으로 맛보고 그 맛을 표현하려고 애쓰던 모습을 떠올려 보면 분명 작지만 좋은 변화가 시작되고 있을 것이라 기대해 본다.

이제는 '친환경 먹을거리가 무엇입니까?'라는 질문을 받는다면 자신 있게 대답할 수 있을 것 같다. 친환경 먹을거리는 사람, 사회, 자연을 더불어 살리기 위해 우리가 함께 키우고 선택해야 하는 먹을거리라고. 그리고 나는 영양 교사로서 친환경 먹을거리가 가진 가치를 아이들과 함께 나누기 위해 더 많은 노력을 다할 것이라고 다짐한다.

못다 한 이야기
지속 가능한 먹을거리 운동에 거는 기대

남영숙

지속 가능 발전 교육, 친환경 먹을거리, 미각 교육 등의 키워드를 안고 멘토로서 화원중학교를 처음 방문하였을 때 연구 책임자인 서민수 선생님은 자신감이 없는 듯한 표정으로 멘토들의 말에 귀를 기울였던 것이 떠오른다. 그녀는 영양 교사로서 친환경 먹을거리 학교 프로그램으로 학교 급식의 교육적 기능을 높여서 올바른 식생활에 대한 지식과 실천 능력을 기르고, 식생활 주체로서 자주적 식생활 관리 능력을 배양하는 것을 목표로 추진하겠다는 결의를 제시하고 있었다.

학교 급식에 대한 학부모의 불만과 논의는 끊임없는 갈등을 초래하여 왔다. 특히 2000년대 중반 중국산 먹을거리 파동, 여러 차례의 급식 식중독 사고, 2008년 광우병 사태 등을 겪으면서, 안전한 친환경 먹을거리에 대한 수요는 나날이 증가되고 있었다. 더구나 2010년 6월 지방 선거 이후 시도 교육청에서 채택한 무상 급식이 시작되면서 친환경 먹을거리 급식에 대한 관심이 더욱 높아지고 있었다.

이러한 배경하에 진행한 화원중학교의 친환경 먹을거리 학교 운영은 멘토들의 만장일치로 선정된 사례였다. 사실, 첫 멘토링을 마치고 긴 교정을 나오는 동안 여러 의문들이 꼬리에 꼬리를 물었다.

첫째, 환경 교사도 아닌 영양 교사로서 지속 가능 발전 교육에 대한 이해의 폭을 어느 정도까지 넓힐 수 있을 것인가?

둘째, 패스트푸드에 익숙한 학생들의 미각을 슬로우 푸드로 바꾸어 놓을 수 있을까?

셋째, 무엇보다도 이 사업은 친환경 급식뿐만 아니라 학교 교과목과 연계하여야만 지속성을 유지할 수 있을 텐데 과연 타 과목 선생님들과 협력 체계를 구축할 수 있을까?

넷째, 학교 학부모와 연계한 프로그램에 학부모의 참여를 이끌어 낼 수 있을 것인가?

이러한 고민과는 달리 화원중학교는 멘토로서의 기쁨을, 보람을 선사한 특별한 사례였다.

그 첫째 이유는 교사의 변화가 그것이다. 교사 스스로도 평가한 바 있다. "변화의 시작이 개인의 실천으로부터 시작한다는 것을 깨달았다."고 말한 서 선생은 자신이 먼저 변화되는 시간이었다고 얘기하였다. 그러면서 일반적으로 많이 소비되고 있는 바나나를 예로 내적인 변화를 들었다. 바나나의 생산지에서부터 우리가 구매하기까지 경로의 탄소 발자국을 계산하고 보니, 바나나 소비를 할 수 없더란다.

둘째로는, 멘토링에서 제시한 내용들은 하나씩 둘씩 차근차근 성과를 도출하기에 이르렀으며, 멘토가 원했던 그 이상의 성과를 만들어 냈다. 영양 교사 1명이 학교를 변화시키고, 영양교사연구회를 통하여 영양 교사를 변화시키는 역량을 발휘하였다.

셋째 이유는 타 교과목 교사와의 협력을 도모하였고, 가정, 과학, 도덕 등의 과목 동료 교사들도 통합형 교과를 운영하고자 하였다. 도덕의 경우 1학기 기말고사에 친환경 먹을거리와 연계한 시험 문제를 출제하기도 하였단다.

넷째, 그는 식품의 단편적 지식이나 체험으로만 접근한 것이 아니라 환경친화적 생산, 유통, 소비까지 체계적 접근 방법으로 교육하고자 하였다. 그리고 학교 교육 계획의 수립 시에 지속 가능 발전을 위한 식생활 교육 계획을 수립하여 추진하는 면밀함을 보여 주기도 하였다.

이 프로그램은 멘토들에게도 많은 생각을 하게 하는 모범 사례라고 생각된다. 지속 가능 발전 교육 학습 방법에서는 실수를 허용하고, 스스로 조절하고 스스로 발의하는 학습 형태와 다양한 그룹 학습 방법 등을 이용하여 진행함으로써 교육학적인 측면에서 지속 가능 발전 교육의 의미를 더욱 뒷받침해 주었다. 특히 멘토와 멘티의 조화로운 교감을 통하여 성과를 함께 만들어 낸 것이라고 생각한다.

무엇보다도 이 학교의 구성원들은 즐거움과 행복함을 느꼈을 것이다. 엄마 같은 선생님의 아름다운 아이디어와 진행으로 학생에게 아침을 챙겨 주고, 슬로우 푸드를 먹게 가르쳐 주기까지 하였다. 생태 텃밭에서 자라는 식물들처럼 건강한 학교 공동체에 건강한 에너지를 심어 주었을 것이다.

친환경 먹을거리는 지속 가능한 사회에서 사회적, 경제적, 환경적 지속 가능성에 초점을 둔다. 그런 점에서 화원중학교에서 개발하고 적용한 친환경 먹을거리 운영 사례는 매우 큰 의미가 있다고 본다. 화원중학교의 사례를 토대로 학교에서 지속 가능한 먹을거리 운동에 박차를 가하기를 기대해 본다.

틈새에서
자라는
희망의
지표종

환경수업연구모임 환경 교육 프로젝트

지구를 위한 1시간, Earth Hour

프로젝트는 결과가 아니라 과정을 공유한다

실패의 경험 속에서 새로운 길을 찾는 아이들

빈틈을 만들어 숨통을 틔우자

생태 교육으로 진로를 찾다
학생들이 환경 문제에서 주체가 되게 하고, 프로젝트 수업 경험과 효과를 보급하는 것을 목적으로 한 '환경수업연구모임' 이야기. 숭신여자고등학교 사례를 중심으로 정리하였다. 환경교육이 다른 교과와 지식 통합적 활동에도 영향을 끼칠 뿐만 아니라 인성 교육과 진로 교육에서 유의미한 영향을 끼침을 확인할 수 있다.

전국의 중학교와 초등학교에 소수 개체들이 분산적으로 서식한다. 2008년 이후 신규 임용이 동결되어, 종種 보전에 어려움을 겪고 있으며, 그나마 있던 개체들마저 다른 과목으로 이동을 강요받고 있다. 대한민국 교육계의 멸종 위기 종이며, 학교 환경 교육의 황폐한 실상을 보여 주는 지표종이다.＊

　저자 소개 대신 '글쓴이들에 대한 생태 보고서'라는 형식으로 이렇게 자신들을 소개한 사람들이 있다. 이들은 환경 과목을 맡고 있는 교사들인데, 멸종 위기 생물들과 동병상련의 마음으로 '자연을 훼손하거나 공동체를 망가뜨리거나 환경 교육을 축소시키려는 사회적 흐름에 맞서' 한국환경교사모임까지 만들었다. 모임의 대표인 김강석 교사를 만나러 가는 길이다.

＊ 한국환경교사모임 기획, 에코주니어 글,《그린 멘토 미래의 나를 만나다》, 뜨인돌.

2015년 대입 수학 능력 고사를 이틀 앞둔 날 오후였다. 성남시 금광동에 있는 숭신여자고등학교 교문에 들어서자 팽팽한 긴장감 같은 게 느껴졌다. 정갈한 교정에 '가위손'으로 다듬어진 것 같은 반듯한 정원수들 때문일까. 아직도 학생들에게 흰색 운동화에 검정 가방 그리고 치마 길이 무릎 아래 15센티미터를 고집해서 지역 내 '여군 사관 학교'라고도 불린다는 이야기를 미리 들어서였을까. 그래서인지 남한산 자락과 맞닿아 있는 깨끗하고 조용한 교정에서 울려 퍼지는 여학생들의 웃음소리가 한층 더 반갑게 들렸다. 아무리 대학 입시의 중압감과 엄한 규율이 무겁게 학교를 짓누른다 해도 생동하는 아이들의 기운을 막을 수는 없다. 재잘거리며 웃고 떠드는 여고생들의 소리가 '탄광의 카나리아' 노래처럼 귀하게 들렸다.

숭신여자고등학교에는 환경 교과를 위한 별도의 교실이 있었다. 김강석·유효진 두 명의 환경 교사가 2학년 열두 반 학생들을 일주일에 두 시간씩 나누어 수업을 하는 공간이다. 환경 교사들이 자신을 멸종 위기 종이라고 소개한 것은, 전국의 환경 교사가 50명 남짓밖에 남아 있지 않기 때문이다. 그러니 일반계 고등학교에서 환경 교실이 있는 것도 흔치 않은 일이다. 매년 200여 명 이상 환경 교육을 전공한 교사가 배출되고 있지만, 실제 2009년과 2010년에는 단 한 명도 임용되지 못했다. 그런데 환경 교사가 두 명이나 '생존'해 있는 특별한 학교가 숭신여고였다. 프로젝트 수업이 중심인 환경 교과를 위해 별도의 교실을 마련해 준 것만 보아도 학교에서 지원을 아끼지 않는다는 뜻이었다. 과연 이 학교의 생존 비결은 무엇일까.

"환경 프로젝트 수업 결과물로 서울대 수시 합격생이 여럿 나왔어요. 학교 반응이 달라진 건 당연한 일이죠."

김강석 교사는 이렇게 말하면서도 씁쓸한 표정이다. 모든 교육을 입시 결과로만 말해야 하는 현실이 부담스러운 것이다. 입시에서 뚜렷한 성과를 보여 주지 못한 다른 학교에서는 환경 교사가 설 자리를 점차 잃어 가고 있기 때문이다.

"프로젝트 수업은 단기간에 성과를 낼 수 없어요. 결과가 바로 눈앞에 나타나지도 않아요. 프로젝트의 특성상 몇 년을 기다려야 할 수도 있고요."

그러나 숭신여고의 환경 프로젝트 수업 성과들이 학교의 자랑이 된 것만은 이미 부정할 수 없는 사실이다. 2011년 박○○ 학생은 신도시 건설로 급변한 인근 판교 지역의 까치 둥지 전수 조사를 하고 특징을 분석해 한국환경교육학회에 논문을 발표했는데, 고등학생으로는 처음 우수 논문상을 받았다. 이를 바탕으로 서울대학교 식물생산과학부에 합격했다.

같은 해 홍익대학교 산업디자인학과에 입학한 김○○ 학생은 '금연을 위한 담뱃갑 제작'이라는 프로젝트 활동 결과물로 포트폴리오를 만들어 입학 사정관 전형을 통과했다. 이 밖에도 오○○ 학생은 기후 변화 해결 방법을 고민하다 녹지 공간 확보가 어려운 도심에서 벽면 녹화의 효율성을 입증하는 연구 프로젝트를 7개월간 진

행했다. 이산화탄소를 흡수하는 '이끼와 담쟁이덩굴의 온습도 조절 효과 및 소음 저감 효과'를 연구한 것이 광주과학기술원 주최 제11 회 환경 과학 올림피아드에서 금상을 수상하자, 2012년 고려대학 교 가정교육학과에 학교장 추천 전형으로 합격했다.

솔직히 이런 눈에 띄는 결실들이 없었다면 멸종 위기 종이라고 자조하는 환경 교사들에게 환경실이라는 안전한 서식지까지 만들 어질 수 없었다. 그런 의미에서 숭신여고 환경실은 자랑스러운 공 간이면서 한편으로는 고등 교육의 현실을 적나라하게 보여 주는 곳이기도 했다.

환경실에 들어서면 우선 모둠 수업을 위한 책상 배치부터 일반 교실과 달랐다. 뒤쪽 벽면에는 상장들이 가득 채워져 있다. 한국환 경교육학회 주최의 학술 발표 대회와 환경 올림피아드, 환경부 장

관이 시상하는 환경 프로젝트 발표 대회 등에서 상을 받은 학생
들의 이름이 액자 안에서 빛나고 있다. 책장에는 그동안 이 교실에
서 이루어진 프로젝트 수업 보고서 파일들이 빼곡하게 꽂혀 있다.
최근 숭신여고를 졸업한 학생들이라면 그곳에 있는 보고서 가운
데 한 곳에는 누구나 이름이 올라와 있다. 환경실은 수상 여부와
상관없이 교실 전체가 졸업생과 재학생들의 자부심이 담긴 명예의
전당인 것만은 틀림없다.

고흐의 '별이 빛나는 밤'을 모자이크로 재현한 커다란 작품도
눈에 띄었다. 미술실도 아닌데 환경 수업과 무슨 연관이 있을까 해

서 자세히 그림을 들여다보았더니 모자이크 조각이 모두 폐비닐과 플라스틱 같은 재활용품이었다. 재활용품을 이용한 흔한 리폼 공예에서 한 걸음 더 나아가 폐품으로 예술품을 재현해 보자는 아이디어로 시작한 공동 작품이다. 재활용이 왜 필요한지를 재미있게 알려 주는 'We can do it'이란 캔 수거함도 있었다. 캔을 넣으면 자전거를 탄 사람이 움직이고, 아이들이 뛰어놀면서 여우, 곰 같은 동물들이 차례로 움직이게 만든 인터렉티브 포스터다. 재활용에 참여하는 사람이 자연을 되살릴 수 있다는 뜻을 적극적으로 알리고자 만든 작품이다.

그 밖에도 여고생들의 톡톡 튀는 아이디어가 빛나는 작품들이 교실을 가득 메우고 있다. 전시물들 때문에 교실은 터져 나갈 듯 복잡했지만 그래서 더욱 창의적인 공간으로 보이기도 했다. 학교 전체에서 이곳만큼 자유로운 곳이 따로 없는 것 같았다.

지구를 위한 1시간, Earth Hour

숭신여고 하면 '지구를 위한 1시간, Earth Hour 캠페인'으로도 유명하다. Earth Hour는 일 년에 한 번 정해진 시간에 60분 동안 전등을 끄게 해서, 잠시나마 지구를 쉬게 하자는 국제적인 환경 캠페인인데, 최근 언론에서도 대대적으로 홍보하고 환경부와 기업의 후원도 늘었다. 그런데 이 행사가 우리나라에 널리 알려지는 데는

숭신여고 학생들의 활약이 컸다.

지난 2012년 3월 31일 사람들로 붐비는 성남시 야탑역 광장, 갑자기 경쾌한 음악이 울려 퍼지면서 네 명의 여학생들이 춤을 추기 시작했다. 구경하는 사람들이 삼삼오오 모여들자 곧이어 여기저기서 학생들이 차례로 쏟아져 나왔다. 이내 사람들에게 익숙한 노래 '써니'가 울려 퍼지자 함성과 함께 박수갈채가 쏟아지고 흥겨운 춤판이 벌어졌다. 지나던 외국인 모녀도, 중년의 아저씨도 영문을 모른 채 학생들을 따라 춤을 추며 즐거워했다. 그리고 노래가 끝나 갈 무렵 한 무리의 여학생들이 달려 나와 "지구를 위한 1시간, Earth Hour"에 함께하자는 플래카드를 펼쳐 들었다. 이날 학생들은 오후 2시부터 5시까지 7차례나 플래시몹flash mob 행사를 펼쳤다.

"오늘 저녁 집에 가서서 8시 반부터 9시 반까지 한 시간 동안 집 안의 불을 모두 꺼 주실 수 있나요?"

춤을 추던 여학생들이 구경하던 사람들에게 다가가 말을 걸었다.

"지구는 우리의 건강한 터전을 위해 1년에 8760시간을 고생하고 있는데, 우리가 지구를 1시간만 쉬게 해 주면 안 될까요?"

이날 숭신여고 1학년 150명, 2학년 350명의 학생들이 성남 시내 야탑역, 모란역, 서현역 등 9곳에 흩어져 네 시간 동안 1만 4159명에게 Earth Hour에 동참하겠다는 서명을 받아 냈다.

Earth Hour 캠페인은 2011년에 환경 수업을 들었던 2학년 학생

들로부터 시작되었다. 교사는 수업 중에 세계의 여러 환경 행사 가운데 하나로 Earth Hour를 소개하며, '그런데 우리나라 사람들은 아직 잘 모른다'고 한마디 툭 던졌을 뿐이었다. 그런데 수업이 끝난 다음 교무실로 찾아온 한 무리의 여학생들이 직접 이 행사를 알리겠다고 했다.

"캠페인에 대해 아이들은 큰 착각을 하고 있어요. 자신들이 마음만 먹으면 당장 세상에 큰 변화가 생길 거라고 믿는 거죠. 저는 사람들 마음을 움직이는 일이 그렇게 쉬운 게 아니라고 일부러 딴죽을 걸었어요."

그런데 며칠 뒤 학생들이 다시 찾아왔다.

"재미있게 하면 되지 않을까요?"

학생들이 손수 만든 서명 용지를 내보였다. 손도장을 찍으면 지문으로 나무가 푸르게 옷을 입는 모양으로, Earth Hour에 동참하는 만큼 숲을 지킬 수 있다는 의미를 담은 것이라고 했다.

"멋지네. 그런데 어디서 많이 본 것 같은데. 이런 디자인도 허락받고 써야 하는 거야."

모 기업체 광고에 나왔던 디자인을 가져다 만든 서명 용지였다. 학생들은 선생님의 조언을 듣고는 수소문 끝에 디자인 제작처로부터 직접 사용 승낙까지 받았다.

"구두 약속만으로는 안 되는데. 꼭 메일로 남겨야 한다."

교사가 하는 일은 그렇게 딱 반걸음 앞서가는 것뿐이었다.

"프로젝트 수업에서 저는 미리 준비하는 게 없어요. 아이들 스스로 주제를 정하고 계획을 짜고, 각자의 속도대로 진행하는 걸 지켜보기만 해요. 조언을 하고 싶으면 교사도 프로젝트의 일원으로 제안만 할 수 있어요. 그걸 받아들일지 말지도 아이들이 결정해요."

그렇게 첫해, 환경 수업을 듣던 학생들이 Earth Hour를 알리며 서명을 받자, 이듬해 후배들은 플래시몹을 하겠다고 나섰다. 이유는 단순했다.

"선배들보다는 잘해야죠!"

교사는 정작 플래시몹이란 단어도 아이들 입을 통해 처음 들었다고 했다. 하지만 학생들 사이에서는 〈드림하이〉라는 드라마에서 나온 플래시몹의 인기 때문에 반응이 뜨거웠다. 그리고 숭신여고 학생들의 플래시몹은 정작 행사가 끝난 뒤에 더 유명해졌다. 친구들의 활동을 영상으로 기록해 유튜브에 올린 학생들이 있었기 때문이다. 춤을 추기 싫어하는 아이들끼리 자신들이 좋아하는 방식으로 Earth Hour를 알리기 위해 촬영과 편집 등을 함께했는데, 모두가 방송과 관련된 진로를 가진 학생들이었다. Earth Hour를 알리는 플래시몹을 진행하는 동안, 학생들은 목표는 같지만 저마다다른 방식으로 각자의 지향과 재능을 살리는 방법으로 풍성하게하나가 되는 경험을 했다.

더구나 "춤 한 번 추었을 뿐인데…… 세계를 놀라게 하다니!" 자신들도 믿기지 않는 일이 일어난 것이다. 유튜브에 올라온 숭신여고의 영상은 해외에서 더 반응이 뜨거웠다. 그리고 그해 8월, 세계

Earth Hour 협회 측에서 가을에 예정된 방한 일정에 맞추어 숭신
여고를 방문하고 싶다는 메일을 보내왔다. 의전을 중시하는 학교
특성상 큰 부담을 느낀 김강석 교사는 처음에 정중히 거절했다.

"학생들한테 그 이야기를 했다가 엄청 욕을 먹었죠. 왜 선생님이
그걸 결정하냐는 거예요. 그리고 자기들이 다 알아서 할 테니 무조
건 다시 연락해 달라더군요."

결국 그해 9월 11일 앤디 리들리Andy Ridley Earth Hour 사무총
장은 숭신여고를 찾아와 학생들에게 감사패를 전달하고, 강연회
도 가졌다. 교정에서 여학생들과 춤을 추며 플래시몹을 함께하기
도 했다. 모두 학생들이 준비하고 기획한 행사였다. Earth Hour 사
무총장은 당시 환경부 장관, 서울 시장, 기업체 대표 면담 등의 여
러 방한 일정 가운데 숭신여고 학생들과 만남이 가장 감동이었다
고 전했다. 이를 계기로 이듬해 Earth Hour 협회에서 만든 글로벌

공식 영상에도 숭신여고 학생들의 플래시몹이 잠깐 소개되기까지
했다.

처음에는 혼자였습니다. 하지만 하나가 둘이 되고, 둘이 넷이
되면서 지구를 생각하는 친구 487명이 함께하였습니다. 처음에
는 무엇을 해야 할지 막막했습니다. 어른들보다 많이 알고 있지

는 못하지만, 적어도 우리가 알고 있는 것을 표현해야 한다는 열정으로 시작했습니다. 목이 터져라 이야기했지만 우리의 목소리를 무시하는 분들이 처음에는 야속하였습니다. 하지만 수고한다는 말 한마디와 SNS를 통해 찾아오신 분들이 무척이나 고마웠습니다. 무엇보다 가장 뿌듯했던 것은 3월 31일 8시 30분 거짓말처럼 불이 꺼지는 것을 보았을 때입니다. 작은 노력도 큰 변화가 될 수 있음을 느꼈습니다. 그동안 표현이 서툴러서 하지 못했던 말을 이제 할 수 있을 것 같습니다. 지구야 고마워 그리고 미안해.

2012년 숭신여고 플래시몹 에필로그에서

이제 Earth Hour는 숭신여고에서는 해를 거듭할수록 진일보하는 공통 프로젝트 주제가 되었다. 이듬해에는 새 학기가 시작되자마자 소문을 듣고 김강석 교사에게 달려온 학생들이 있었다.

"선생님이 Earth Hour 하시는 분이죠? 올해도 해야죠. 저희는 더 잘할 거예요!"

결국 2013년 Earth Hour를 알리는 플래시몹은 성남에서 서울로 진출했다. 광화문과 청계천 그리고 시청 광장에서 숭신여고뿐만 아이라 전국의 초중고 학생들이 함께 모여 '강남 스타일' 노래에 맞추어 대규모 플래시몹을 펼치게 되었다.

Earth Hour 캠페인으로 한 시간 동안 전등을 끈 효과는 2012년 국내 공공 건물만 기준으로 따져 보면 412만 8000kw 전기를 절감하고, 어린 소나무 62만 9640그루를 심는 효과를 가져왔다. 그러나 이런 수치로는 계산할 수 없는 가치가 있다. 내가 누군가의 마음을 움직여 전기 스위치를 끄도록 했다는, 나로부터 출발한 작은 변화의 물결. 그 강물에 직접 발을 담가 본 사람만이 느끼는 기쁨과 두근거리는 심장의 박동 소리를 과연 계산할 수 있을까. 그 작은 파동이 아이들의 미래에 어떤 결과를 가져올 나비 효과가 될지도 쉽게 가늠할 수 없다.

　　Earth hour가 무엇인지 잘 모르던 우리나라 사람들에게 알리고 싶어 시작했던 플래시몹의 목적이 드디어 달성된 것이다. 또 그 시작이 나를 포함한 숭신여고 학생들이란 점에서 더 자부심을 느꼈고 뿌듯함은 말로 표현할 수가 없었다. (……) 주위 건물들의 간판과 조명이 하나둘씩 꺼지고 그 어둠 속에서 학생들이 들고 있는 촛불만이 빛났다. 마치 깜깜한 밤하늘에 별들이 반짝거리는 것 같았다. 단 1년에 한 시간뿐이지만 지구가 편히 쉴 수 있게 도와주고 있다는 생각에 저절로 미소가 지어졌다. 앞으로는 Earth hour 시간을 조금씩 늘려 가면 좋지 않을까라는 생각도 했다. 현재는 1시간이지만 내년에는 1시간 10분으로 (……) 우리가 조금은 불편함을 느끼더라도 지구가 편안함을 느낄 수 있도록 양보하고 배려한다면 그리 어려운 일이 아닐 것이다.

2013년 플래시몹에 참여한 환경 탐사부 2학년 김윤수 학생의 글

프로젝트는 결과가 아니라 과정을 공유한다

환경은 고등학교 교양 선택 과목의 하나다. 숭신여고에서는 2학년 모든 학생들이 1년 동안 환경 수업을 듣는다. 보통 4월 말까지는 '환경과 녹색 성장'이라는 정규 교육 과정 내에 있는 수업을 진행하고, 5월부터 프로젝트 수업이 시작된다. 프로젝트는 조 편성부터 주제 선정까지 학생들이 자율적으로 결정하는데, 보통 주제 선정까지 2주에서부터 한 달 넘게 걸리는 경우도 있다. 프로젝트는 2학기 말로 종료 시점만 정해져 있다. 나머지 모든 진행 과정과 일정을 학생들 스스로 자기 리듬에 따라 꾸려 간다.

주제를 결정하고 나면 다른 학생들에게 연구 과제를 브리핑하는 것으로 프로젝트를 시작하는데, 일사천리로 빠르게 진행해 가는 조가 있는가 하면 구성원들끼리 뜻이 맞지 않아 울고불고 난리를 치다 끝내 마무리를 짓지 못하는 경우도 있다. 하지만 프로젝트 수업은 오히려 그런 위기와 갈등 자체를 배움의 기회라고 생각한다.

"실패해도 아이들에게 할 수 있는 칭찬을 아끼지 않습니다. 여기서의 실패가 진짜 실패가 아니다, 지금 이 순간 그것을 느끼는 것 자체가 중요하다고 강조합니다. 프로젝트는 결과보다 수행 과정에서 친구들과 소통하는 경험 자체가 소중하니까요."

김강석 교사는 입시에 매인 우리 아이들은 프로젝트 수업이 아니면 소통의 기회가 거의 없다고 해도 과언이 아니라고 했다. 그래서 환경 수업에서 더 큰 책임감을 느낀다.

환경실에 오면 일단 성적과 등수, 시험, 경쟁 같은 단어를 잊을 수 있도록 교사가 먼저 노력했다. 학생들 개개인의 교과 성적에는 아예 관심을 갖지 않았다. 물론 학부모와 학교의 눈치를 보지 않을 수는 없었다. 행여 프로젝트 때문에 공부할 시간을 빼앗긴다는 불안감이 생기지 않게 밖으로는 조심조심 몸을 사리기까지 했다. 그래서 교사가 먼저 학생들에게 "거창한 것만 생각하지 말고 조용히, 작지만 우리가 할 수 있는 소소한 일들을 찾아보자"고 당부까지 할 정도였다. 그렇지만 학생들은 달랐다. 스스로의 마음이 움직여서 결정한 것들에 대해서는 거침이 없었다. 공부도 원래 그렇게 하면 되는 것인데……. 프로젝트를 통해 자라는 아이들을 지켜보면서 오히려 교사가 배우는 것이 더 많았다.

학생들의 프로젝트 보고서에도 새로운 지식이나 경험에 대한 이야기보다 "남들과 타협하고 양보하며 배려하는 법을 배웠다" 또는 "나 자신에 대한 기대가 좀 더 높아진 것 같고, 좀 더 성숙한 마음가짐을 가지게 되었다"는 소감이 가장 많이 올라왔다. 환경 교육의 목표가 인간과 자연이 더불어 살아가는 방법을 모색하는 것처럼, 생각이 다른 친구들과 서로의 차이를 인정하면서 풍부하게 하나가 되어 가는 과정, 그 자체가 프로젝트 수업의 가장 큰 배움이었다.

그래서 환경 교사들은 학생들의 모든 프로젝트를 공유할 수 있는 큰 잔치판을 마련했다. 서로의 성공과 실패의 경험을 보고 듣고 배우는 자리에 누구나 한 번씩 서 보는 것이 중요하기 때문이다.

"예전엔 프로젝트 수업이란 초등학교 교실에서나 가능하다는 생각을 많이 했어요. 모든 게 입시 위주로 줄이 세워진 고등학교에서 아무래도 쉬운 일이 아니니까요. 그래서 비슷한 활동을 하는 학생들끼리라도 자주 만날 수 있게 해 주고 싶었어요."

환경수업연구모임에서 프로젝트 수업 활성화를 위해 학교 간 네트워크를 활용한 것도, 현 교육 여건에서는 절박한 선택이었다. 스스로 멸종 위기 종이라고 생각하는 환경 교사들이 건강하게 살아남기 위해서라도 적극적인 교류로 서로를 응원할 필요가 있었다. 힘이 없고 외로운 사람들일수록 이웃과 끈끈하게 연결되어 있어야 굳건히 버틸 수 있지 않은가.

청소년 환경 캠프, 청소년 환경 동아리 에너지 캠프 같은 교류의 장을 만들었고, 환경수업연구모임 주최로 제1회 환경 프로젝트 발표 대회도 열었다. 2011년 성남 시청에서 열린 첫 대회에만 경기, 충남, 경남, 충북, 서울 등에서 중고등학교 모두 51개 팀 229명의 학생들이 참가했다. 2012년 서울대학교에서, 2013년 서울 시청에서 열린 3회 대회까지 모두 128팀 683명의 학생들이 다양한 프로젝트 결과물들을 가지고 경연을 펼쳤다.

학생들의 프로젝트는 텃밭 가꾸기 같은 노작 활동부터 지역 생태 조사, 모니터링, 현장 탐방, 환경 실천 일지, 다양한 환경 캠페인과 홍보 활동까지 다양했다. 그 결과를 표현하는 방법도 보고서나 논문, 포트폴리오 같은 전통적인 형식 외에도 플래시몹, UCC나 음성 파일 제작, 스마트폰 앱, 동화책, 연극, 교육용 보드게임까지 각

양각색이었다.

숭신여고에서는 동물도 사람과 똑같이 감정을 느낀다는 것을 알려 주기 위해 한 달간 거의 매일 유기견 센터를 찾아가 자원봉사를 하며 개와 고양이의 사진을 찍어 〈동물 표정 도감〉을 만든 학생들부터, 물 절약을 실천하기 위해 '5리터의 물로 2주 동안 생활하기'라는 실천 프로젝트 과정을 동영상에 담은 친구들도 있었다. 심지어 차량 5부제 활성화를 위해 선생님들의 일상을 감시하는 프로젝트까지 있었다. 학생들이 매일 아침 당번을 정해 교직원들의 출퇴근 차량 번호판을 조사해 통계를 내는 바람에 교사들이 곤란을 겪기도 했다. 프로젝트 수업 자체가 주입식 교육에 억눌려 있던 학생들의 숨은 재능과 창의성을 활짝 꽃피워 준다는 사실은 해를 거듭할수록 두드러지고 빛이 났다.

결국 환경 프로젝트 발표 대회는 학교 환경 교육과 프로젝트 수업에 대한 관심을 널리 확산시키는 데 성공했다. 그 결과 2014년부터 경기도 교육청 차원에서 ESD 프로젝트 발표 대회와 환경부와 국가환경교육센터가 주관하는 제1회 학생 환경 프로젝트 발표 대회가 열리게 하는 밑거름이 되었다. 프로젝트 수업의 우수성이 널리 입증된 결과라고 생각하면 분명 반가운 일이 아닐 수 없다. 하지만 교사들은 자칫 환경 교육도 입시 경쟁을 위한 스펙 쌓기의 도구로 이용되지 않을까 염려도 하고 있다. 그래서 숭신여고에서는 이런 발표 대회 같은 다양한 외부 경연의 장에 참가할 때 분명한 원칙을 지키고 있었다.

"소수 우수한 학생들이 그 기회를 독점하지 않도록 노력합니다. 조금 부족하더라도 모두가 고르게 발표할 수 있도록 기회를 나누어 주어야 하니까요."

김강석 교사는 아무리 뛰어난 성과를 낸 팀이라고 해도 한 번씩밖에 발표 대회에 참가할 기회를 주지 않았다. 그래서 반에서 보통 3분의 2 이상의 학생들이 자기 프로젝트를 완성하는데, 그중 절반 이상은 고르게 순차적으로 외부 경연에 참가할 기회를 가진다고 했다. 물론 공부 잘하고 경쟁에 익숙한 학생들 사이에서는 볼멘소리가 나오기도 한다. 그렇지만 프로젝트 발표 대회를 만든 교사들은 처음부터 순위를 다투는 경쟁의 장으로 시작한 것이 아니었다. 배움과 나눔이라는 학습의 연장선에서 기획한 소통의 무대였기 때문에 어려운 환경 속에서도 대회를 지속시킬 힘이 있었다. 그러나 이제는 정책적으로 프로젝트 수업이 활성화되는 만큼 초심을 잃지 않기 위해 애를 써야 하는 단계에 이르렀다.

여러분, 프로젝트는 왜 하는 걸까요? 저는 프로젝트가 여러분들에게 세상을 살아가는 힘, 문제와 시련에 맞서는 힘을 길러 준다고 생각합니다. 프로젝트는 문제의 연속이지요. 그럴 때마다 푸념하거나 좌절하지 않고 선생님과 친구들과 함께 그 과제를 해결해 나갈 때 여러분 안에 보이지 않지만 놀라운 힘이 생기고 자라난다고 생각합니다. 그런 의미에서 오늘 이 자리에 참석한 모든 청소년 여러분, 상을 받건 못 받건 수고하셨고, 자랑스럽습니다. 이 도전을 멈추지 말고 계속하시기 바랍니다.

2012년 제2회 환경 프로젝트 발표 대회에 부쳐. 이재영 공주대 교수

프로젝트 수업을 주도적으로 이끌어 온 환경수업연구모임의 멘토 역할을 오랫동안 해 온 이재영 교수의 생각도 마찬가지다. 결과보다 서로 다른 생각들이 모여 무엇인가를 향해 함께해 나아가는 과정, 그 자체가 교육이기 때문이다.

2014년에는 세월호 참사 이후 많은 외부 대회들이 취소되었다. 김강석 선생님은 같은 시기에 수학여행을 다녀왔던 또래 2학년 학생을 맡은 교사로서 더욱 힘든 시기를 보내야 했다. 그래서 위축된 학생들을 위해 한층 더 노력했다. 교내 환경 프로젝트 학술 논문 발표 대회를 더욱 크게 열고, 자체적으로 논문집까지 만드는 등 학교 안에서 내실을 다지기 위해 어느 해보다 애를 썼다.

"환경 수업을 듣는 2학년 학생들을 보면서 늘 생각했어요. 초등학교부터 20번의 방학을 보내면서 매번 생활 계획표를 만들었을 텐데, 한 번이라도 제대로 지킨 적이 있을까? 그런 면에서 우리 아이들에겐 '학습된 무력감'이란 게 있어요. 그런 아이들이 무대 위에 서서 자신들이 완성한 프로젝트를 발표하고 나면 얼마나 뿌듯해하는지 몰라요."

'학습된 무력감'이란 교사에게도 전염성이 강한 병이었다. 그러나 아이들이 살아나면 교사도 자연히 치유의 힘을 얻었다. 그래서 김강석 교사가 프로젝트 수업에서 가장 바라는 점은 "단 한 가지라도 만족감을 느껴서 아이들에게 자존감이 생기도록 하는 것"이라고 했다. 그의 바람은 학생들의 보고서 곳곳에서 다양한 목소리로 드러났다.

나는 이러한 프로젝트를 할 수 없을 줄 알았다. 끈기, 노력, 글쓰기 실력 등 잘하는 게 없었고, 자신 있는 부분도 없었다. 내 머릿속은 '이런 프로젝트는 공부 잘하는 애들만 하는 거겠지?' 이러한 생각들로 가득 차 있었기 때문에 '프로젝트'란 단어 자체는 나와 거리가 멀었다. 하지만 프로젝트를 실천할 기회를 갖게 되면서 '나도 이런 걸 할 수 있구나. 재미있다.'라는 새로운 면을 볼 수 있었다.

숭신여고 학생들의 프로젝트 보고서에서

그동안 열심히 하는 것보다 잘하는 게 중요하다고 믿어 왔는
데, 이번 프로젝트를 하면서 열심히 한다면 언젠가는 그 결과가
좋게 다시 돌아올 것이라는 것을 알게 되어 정말 좋은 기회였고
추억이 되었다.

숭신여고 학생들의 프로젝트 보고서에서

실패의 경험 속에서 새로운 길을 찾는 아이들

어차피 인생이란 계속 새로운 문제에 부딪히면 좌절도 하고, 다
시 일어서서 앞으로 나아가는 복잡한 과정을 지루하게 반복한다.
그래서 인생이란 프로젝트에는 결국 완성이란 없을지도 모른다. 환
경 교사들이 학생들의 프로젝트 결과에 대해 성적이나 순위를 중
요하게 생각하지 않는 이유도 그런 믿음 때문이다. 그래야만 아이
들은 프로젝트 안에서 주눅 들지 않고 자신들의 모습을 있는 그대
로 오롯이 들여다볼 수 있다.

숭신여고는 성남 외곽에 있는 일반 인문계 고등학교로 한동안
서울대 합격생을 배출하지 못했지만, 프로젝트로 입학 사정관 전
형을 통과하는 학생들이 생기면서 환경 과목의 위상이 높아진 것
이 부정할 수 없는 사실이었다. 그렇지만 김강석 교사는 대외적으
로 자랑하는 대입 결과보다는 아이들이 프로젝트를 통해 자기 마
음을 들여다보게 된 경험들이 더 소중하다고 했다.

그러면서 남한산성 생태 소리 지도 만들기 프로젝트를 진행하다가 새를 연구하는 학자의 꿈을 키우게 된 강세진 학생의 이야기를 들려주었다. 2011년도 2학년 10반 학생 11명이 함께 만든 생태 소리 지도는 환경실 뒤쪽 벽면에 전시되어 있었다. 학교 뒷문으로 연결된 남한산성 산책로를 그린 지도인데, 아래쪽에 노랑할미새, 동고비, 박새, 어치, 노랑턱멧새, 까치, 직박구리, 참새, 큰부리까마귀, 검은등뻐꾸기, 멧비둘기 등 여러 새 사진이 같이 실려 있었다. 각각의 새마다 노란색과 초록색 버튼이 함께 있는데, 노란 버튼을 누르면 새소리가 들리고, 초록색 버튼은 그 새가 발견된 지점을 지도 위에 표시해 주는 형식이다.

새소리는 학생들이 여름 방학 동안 매일 아침 일찍 숲에 가서 직접 녹음한 것이라고 했다. 방학이면 밀린 잠을 보충하느라 평소보다 늦게 일어나고 싶은 아이들이, 등교 시간보다 일찍 산으로 가서 새소리를 채집하고 교실로 돌아왔다. 여고생들이 보충 수업이 있던 방학 내내 새벽마다 산으로 갔다니 쉽지 않은 결심이었을 것 같았다. 그러나 교사에게서 의외의 대답이 나왔다.

"방학 동안 산에 가서 같이 살을 빼자고 의기투합하니까 다들 좋아서 했대요."

김강석 교사는 아이들은 '스스로 동기 부여만 되면 결국 다 해낼 수 있구나, 교사는 믿고 기다리면 되는구나' 하는 것을 다시 한 번 실감했다. 처음에 새소리를 녹음하고 싶다고 해서 마이크 하나를 건네준 것이 교사가 도와준 일의 전부였다.

"달랑 MP3랑 마이크만 들고 산에 갔는데, 생각만큼 녹음이 안 된 모양이에요. 새벽에 운동하는 사람들 시끄러운 소리 때문에 새 소리가 거의 안 들린 거죠. 처음엔 저한테 막 화를 내더라고요. 그 러더니 나중엔 직접 집음기까지 만들어서 결국 해내더군요."

학생들은 우산대 위에 마이크를 연결해서 주위의 소리를 모으 는 장치를 만들었다. 그렇게 해서 갖은 새소리들을 모았는데, 문제 는 계속되었다. 소리 주인이 누구인지 통 알 수 없었기 때문이다. 당연히 학생들은 제일 먼저 환경 선생님께 달려왔다. 이번에도 김 교사가 할 수 있는 것은 없었다. '나도 잘 모르는데' 하며 고개를 갸우뚱했을 뿐이다.

결국 학생들은 우리나라 최고의 새 전문가 윤무부 박사를 직접 찾아가기로 마음먹었다. 당시 윤무부 박사는 뇌경색으로 재활 치 료 중이었다. 그런데도 새에 대해 궁금해하는 여학생들을 두말 않 고 집으로 들였고, 대학원에 있는 제자까지 불러 모아 어린 학생 들의 궁금증을 풀어 주었다. 평생을 새와 함께 살아온 노 교수에 게서 점심부터 저녁밥까지 융숭한 대접을 받으며 온종일 열정적인 시간을 보냈던 아이들은 마침내 의기양양한 모습으로 일어섰다. 최 고의 조류학자와 가진 특별한 만남만으로도 자신들의 프로젝트에 대한 자부심이 한층 높아졌다.

그런데 아이들과 헤어지기 직전 윤무부 선생은 청천벽력과도 같 은 이야기를 들려주었다. 새소리 생태 지도 만들기 프로젝트는 첫 단추부터 잘못 꿴 것이라고. 새끼 새들은 주로 먹이를 달라고 울어 대지만, 다 자란 새는 짝짓기를 위해 열심히 울어 댄다. 그래서 새소리를 제대로 연구하려면 짝짓기가 시작되는 봄철 숲으로 가야 한다는 것이었다. 지난여름 새벽마다 산으로 가서 온 숲을 헤집고 다닌 노력이 모두 물거품이었다니.

그런데 거기서 끝이 난 게 아니었다. 대부분의 아이들은 낙담했 지만 오히려 윤무부 교수의 이야기 때문에 제대로 새에 대해 공부 하고 싶다는 꿈이 생긴 학생이 있었다.

"제가 꼭 제2의 윤무부 박사가 되겠어요!"

결국 실패한 생태 소리 지도 프로젝트가 계기가 되어 성심여대 생물학과에 진학한 강세진 학생의 포부였다.

"저도 교사로서 윤무부 박사님께 큰 가르침을 받았어요. 처음 부터 잘못되었다고 알려 주신 게 아니라 아픈 몸으로도 하루 종 일 아이들이 궁금해하는 이야기를 다 들어 주신 다음 맨 마지막 에 알려 주신 거잖아요. 길을 잘못 들었다고 해서 실패한 게 아니 라고, 큰 격려를 해 주신 셈이지요."

'제2의 윤무부'의 의미는 단지 새 전문가가 아니라 훌륭한 스승 을 뜻하는 다른 말이었다. 그에게는 "교사는 금지시키는 사람이 아 니라 가능하게 하는 사람이다."라는 올리비에 프랑콤의 말이 생각 나게 하는 어른이었다.

김강석 교사는 지금도 새와 관련된 프로젝트를 진행하는 후배 들이 있으면 모두 그 제자에게 연결해 준다고 했다. 그는 강세진 양의 지도 교수로부터 우수한 학생을 보내 주어 고맙다는 인사까지 받았는데, 나중에 제자에게 어떻게 그렇게 공부를 열심히 하고 있는지 물을 기회가 있었다. 제자의 대답은 간단했다.

"전 간절했으니까요."

교사인 자신도 과연 그렇게 말할 수 있을 만큼 최선을 다했을 까, 두고두고 생각나는 이야기였다.

또 한 사람, 이과생이었다가 프로젝트 수업을 통해 교사로서의 재능과 적성을 발견하고 춘천교대에 진학한 임수빈 학생이 있다. 숭신여고 환경 탐사부 동아리 1기생으로 2012년 제2회 환경 프로젝트 발표 대회에 참가한 '레고를 활용한 재미나는 기후 변화 교구-에너지 절약 생태 마을 만들기' 프로젝트를 진행했다.

> 학교 환경 시간에 수업을 듣던 중 기후 변화가 정말 심각하다는 것과 이에 대처하려면 어릴 때부터의 환경 교육이 정말 중요하다는 것을 깨달았다. 수업을 통해 내 지식을 쌓는 것도 좋지만 초등학생들에게 내가 아는 것을 알려 주는 것이 더 의미 있을 것 같다는 생각을 하게 되어 성남 지역 결손 가정 초등학생을 대상으로 한 기후 변화 수업을 기획하였다.
>
> 김슬기, 이승은, 임수빈, 정수화, 최은정, 한지민, 김지수, 남효연, 이강경, 한수정
> 〈레고를 활용한 재미나는 기후 변화 교구 제작〉 프로젝트 보고서에서

하지만 고등학생들에게도 어려운 기후 변화를 초등학생들에게 쉽고 재미있게 설명할 수 있는 교재나 교구가 없다는 것을 알게 되

었다. 그래서 아이들이라면 누구나 좋아하는 레고 블록으로 직접 교구를 만들어 보기로 했다. 아이디어는 좋았지만 교구 제작에 필요한 레고 가격이 만만치 않았다. 결국 동아리 부원들이 야간 자율 학습 시간에 환경실에 모여 천연 비누를 만들고, 성남시에서 열리는 프리 마켓에 내다 팔아 교구 제작에 필요한 경비까지 직접 마련했다.

학생들이 만든 교구는 여러 사회적 기반 시설과 그것을 설명하는 카드로 구성되어 있다. 기반 시설은 다양한 평수의 아파트, 연립 주택, 한옥, 전원 주택, 학교, 관공서 등의 주거 시설과 나무, 공장, 논밭 등의 생산 시설, 오염 처리와 재활용 시설, 쓰레기 매립장 같은 환경 시설 그리고 여러 가지 발전소를 갖춘 에너지 시설과 놀이공원 등의 여가 시설로 나뉜다. 각 기반 시설별로 블록의 색을 구분하고, 해당 그림을 붙인 블록들로 초록 판 위에 자유롭게 조립을 하면 자신이 살고 싶은 도시를 꾸밀 수 있다. 다섯 모둠으로 나누어 블록 조립을 한 다음, 판을 한데 모으면 탄천을 중심으로 꾸며진 성남시의 한 지역이 된다. 단 건물을 세울 때 각각의 건물에 표시된 인구, 전력 사용량, 생산과 오염 지수 등을 참고해야 한다.

예를 들면 40평 아파트에는 "100세대가 살고 있는 초호화 아파트로 단지 내 헬스장과 수영장과 같은 편의 시설이 잘되어 있다. 대형 아파트로 전력량과 소비량이 매우 높다"는 설명과 함께 '인구 : 2, 전력 : -7, 생산 : -7, 오염 : 8'이라는 환산 계수가 표시되어 있다. 모둠별로 만든 판을 한데 모은 다음, 도시 전체의 인구, 전력량, 생산량, 오염 지수 등을 계산하고 나면 그것을 바탕으로 이 마을이 지속 가능할지에 대해 토론을 시작할 수 있다.

이렇게 열심히 교구를 만들었으니, 초등학생들이 얼마나 재미있게 기후 변화 수업을 할 수 있을까. 학생들의 자신감은 하늘을 찔렀고, 잔뜩 부푼 마음을 안고 지역 아동 센터로 향했다. 그러나 기대와 달리 첫 수업은 엉망이었다.

"막상 어린 동생들 앞에 서니 너무 떨려서 무슨 이야기를 했는지도 모르겠어요."

첫 수업을 맡았던 임수빈 학생은 지금도 그때 생각을 하면 얼굴이 화끈거린다고 했다. 의욕은 높았지만 어떻게 학생들을 이끌어야하는지, 교사로서 수업의 기술에 대한 아무런 준비가 없었던 것이다. 자신감과 자만심은 분명 구분되어야 했다. 초등학생쯤이야 얼마든지 잘 가르칠 수 있다고 생각한 것부터 잘못이었다.

"첫 수업을 망치고 보니 아이들에게 너무 미안했어요."

결국 실패를 교훈 삼아 친구들과 수업 계획안을 다시 짜고, 여러 번 반복해 연습까지 하면서 두 번째 수업에서는 모두가 만족스러운 결과를 얻었다. 임수빈 학생은 교복 입은 언니들을 선생님으로 따르며 눈을 반짝이던 아이들의 표정을 보며 느꼈던 뿌듯함을 잊을 수 없었다.

"저는 이전까지 한 번도 학급 임원이나 리더 역할을 해 본 적이 없었어요. 우연히 지역 아동 센터 수업할 사람을 정할 때 손을 들었을 뿐인데, 그때부터 저를 둘러싼 많은 게 변하기 시작한 것 같아요. 아이들과 수업을 하는 게 재미있으니까 책임감도 커지고, 제가 정말 많이 자란 것 같아요."

임수빈 학생은 환경 탐사부의 동아리 활동이 학창 시절 내내 가장 의미 있는 시간이었다고 했다. 지도 교사인 김강석 선생도 임수빈 학생에게 첫 수업의 실패가 없었다면, 그런 오기와 열정이 더해지기 힘들었을 것 같다고 했다.

환경 탐사부 학생들은 한 달에 한 번씩 성남 지역 아동 센터와 판교 청소년 수련관 등에서 돌봄이 필요한 초등학생을 대상으로 기후 변화 수업을 1년간 계속했다. 처음 교구를 만드는 데 집중했던 2학년들의 수업에 비해, 이듬해 후배들은 교구와 함께 퀴즈 맞히기, 틀린 그림 찾기 같은 게임 등으로 수업 내용을 더욱 재미있고 풍성하게 꾸몄다.

학생들이 만든 교구는 도시 건설이라는 시뮬레이션 게임 형태로 환경 문제를 배우는 울산ESD연구회 교사들의 '제2의 지구 만들기'와 비슷했다. 그런데 재미있는 것은 초등학생들이 만든 마을 대부분은 놀이공원, 수영장 같은 것만 많이 세우고 학교나 병원은 아예 짓지도 않는 경우가 대부분이라고 했다. 학생들은 똑같은 교구를 가지고 교사를 대상으로도 수업을 해 보았는데, 어른들은 공통적으로 학교와 병원부터 짓더라고 했다.

이 교구는 2012년 경기도 그린 리더 경연 대회에서 환경 교구 전시 우수상을 수상한 이후, 경기도 기후 변화 교육 센터에서 기후 변화 수업에 활용하는 '에너지 절약 마을 만들기' 교구로 상용화 되었다.

"저희가 손으로 만들었던 교구가 더욱 많은 사람들이 쓸 수 있는 제품으로 만들어진 걸 보니 정말 뿌듯했어요."

하지만 아쉬운 점도 있었다고 했다. 임수빈 학생은 자신들이 각 시설별로 레고 색을 달리해서 설계한 건, 여러 모둠을 모아 보면 도시 전체에 어떤 시설이 부족하고 많은지를 한눈에 볼 수 있게 하려는 뜻이었다고 했다. 그런데 어른들이 대량으로 제작한 교구는 단가를 맞추기 위해 블록 색깔을 하나로 통일시켜 놓았다. 아무런 대가를 바라지 않고 모든 걸 무상으로 제공한 학생들 입장에서는 그런 태도를 이해하기 힘들었을 것이다. 입시 준비를 하면서도 교구 제작비까지 스스로 충당했던 학생들의 정성에 비하면 가격과 효율을 따지는 어른들의 계산이 한참 모자라 보였다.

빈틈을 만들어 숨통을 틔우자

대학에서 환경 공학을 공부했던 김강석 교사는 대학원에서 환경 교육을 전공하고, 2004년부터 숭신여고에서 교사 생활을 시작할 수 있었다. 그가 대학을 선택할 때만 해도 환경 분야는 우리 사회 유망주라고 온 나라가 들썩였다. 그런데 지금은 미래 세대의 환경 교육을 책임질 교사들이 멸종 위기 종으로 전락했다. 이를 어떻게 설명해야 할까. 이제껏 환경이란 말마저 성장의 도구로만 쓰였다는 뜻 아닐까. 심지어 교육 현장에서는 '환경과 생태'라는 과목명이 '환경과 녹색 성장'이라는 이름으로 바뀌기까지 했다. 녹색 성장의 치적으로 내세우는 원자력 발전이나 4대강 사업 등이 얼마나 반환경적인 일인지 누구보다 잘 알고 있는 환경 교사들이 느끼는 자괴감은 어떠할까.

김강석 교사는 원래 고등학교 3학년 때까지 수학 교사가 되는 꿈을 가졌다. 그렇지만 지금은 멸종 위기 종이라도 환경 교사가 된 것을 후회하지 않는다. 주요 과목으로 대우받는 수학 교사가 되었다면 과연 내가 입시로부터 자유로운 교사가 될 수 있었을까, 종종 자문해 보기도 한다. 환경 교사는 지식 전달자를 뛰어넘어 실천적인 삶과 연결되지 못하면 자기 정체성마저 흔들리고 만다는 것을, 그는 하루하루 아이들 곁에서 배우고 있기 때문이다.

특정 지역의 환경 상태를 측정하는 척도로 이용되는 생물을 지표종이라고 한다. 이끼가 자라는 것을 보면 토양이 산성임을 알 수 있는 것처럼, 방사능에 노출되면 꽃이 분홍색으로 변하는 자주달 개비를 원자력 발전소 주변에 지표 식물로 심기도 한다.

서두에서 사회 전체로 보면 환경 교사가 학교 환경 교육의 황폐한 실상을 보여 주는 지표종이라는 말은 맞다. 하지만 숭신여고에서는 입시 위주로만 움직이는 견고한 학교 교육에서 환경 교사가 어떤 긍정적인 틈을 만들어 낼 수 있는지를 보여 주고 있었다. 아스팔트 틈에서 민들레 홀씨가 기어이 꽃을 피워 내듯이, 학교에서도 아이들의 숨통을 틔워 줄 빈틈에서 새로운 싹이 튼다. 그런 의미에서 환경 교사의 프로젝트 수업은 틈새에서 자라나는 희망의 지표종이 되어야 하지 않을까.

견고하게 짜인 고등 과정에서도 환경 과목의 프로젝트 수업을 일반화해 보자고 부단히 애를 써 온 김강석 교사는 이렇게 말한다.

"환경 교사 하나가 학교를 바꿀 수는 없지만, 프로젝트를 통해 자라난 아이들의 요구가 있으면, 그 요구가 늘어나면 가능하지 않을까요?"

숭신여고에는 해마다 400여 명의 학생들이 70여 개의 모둠을 만들어 각자의 속도대로 새로운 프로젝트를 꾸준히 만들어 가고 있다.

글 김선미

믿음과 기다림

김강석

2010년 교직 8년째를 맞이하는 어느 날, 교육에 대한 회의가 들기 시작하였다. 입시 위주의 교육 정책도 이유였겠지만 개인적인 능력의 한계와 자꾸만 개인화 되어 가는 학생들을 지도할 수 있는 힘이 부족하다는 것을 느끼면서 무엇을 해야 할지 어떻게 해야 할지 갈등의 시기를 보냈다.

그러던 중 우연히 환경 프로젝트 수업을 알게 되었다. 정확하게 기억은 나지 않지만 프로젝트 수업은 기존의 수업과 비교하여 고등학생들을 상대로 매일같이 수수깡과 색종이로 수업 준비물을 만들고 아이들의 눈높이에 맞춰 동기 유발을 위해 다양한 고민을 하지 않아도 된다는 잘못된 판단에 솔직히 더 편해 보였다.

이러한 예상은 프로젝트 수업의 주제를 선정하면서부터 완전히 빗나갔다.

처음 접해 보는 프로젝트 수업 초기에는 서로 생각하는 바가 소통이 되지 않아 어려움이 있었다. 학생들은 수능 문제 풀이도 바쁜

데 이런 수업을 왜 하는지 투덜대었으며, 일부 부모님들은 학교에서 괜한 것에 시간을 빼앗긴다는 항의를 하였다. 교사 또한 프로젝트 수업을 왜 하는지에 대한 정확한 이유를 알지 못하였다.

어렵게 한 달이라는 시간이 흘러, 모둠별로 정한 주제를 친구들에게 발표하는 자리에서 결과물을 만들기 위해 모두가 함께 아이디어를 모으고 부족한 자료가 무엇인지 고민하는 시간을 가졌다. 그리고 그동안 성장한 것에 서로 놀라 박수를 보냈다. 어떻게 보면 형식적이었던 이 자리 이후 아이들은 변하였다.

학생들은 늘 하던 주입식 교육과 달리 자신이 흥미 있거나 관심 있는 것에 대해 지식과 기능을 위하여 필요한 자료를 찾아 공부하였다. 교사인 나 또한 아이들에게 뒤처지지 않으려고 지도 교사가 아닌 모둠원의 한 명으로서 아이들 눈높이에서 함께 공부하다 보니, 그동안 어리고 자신밖에 모르는 아이들로 여긴 학생들이 다르게 보였다.

우리 학생들은 매우 뛰어난 능력을 가지고 있다. 그것이 비록 문제를 푸는 능력이 아니라고 할지라도 각자 다양한 능력에 대하여 인정받기를 원한다. 어떤 아이들은 글을 잘 쓰고, 어떤 아이들은 컴퓨터를 잘 다룬다. 또는 무대를 연출하는 능력, 남들 앞에서 말을 잘하는 능력 등등 다양한 능력들이 학교에서는 문제 풀이와 암기 능력에 밀려 평가 절하되고 있다.

비록 많은 연습을 하지 못한 아이들이기에 조금은 서투를지 몰라도 그들을 믿고 맡겨 준다면, 언젠가는 그 일을 해낼 수 있다는 것을 5년 동안 프로젝트 수업을 하면서 알게 되었다.

그러면서 나는 그동안 어느 정도 교직 경험을 하면서 매너리즘에 빠져 있었는지 모르겠으나, 아이들에게 질문을 던지고는 대답을 할 수 있는 충분한 시간을 주지 않았던 것 같다. 또한 나의 생각이 무조건 옳다고 여기고 그 생각에 맞춰 아이들을 판단하면서 교직에 대한 회의가 들기 시작했던 것 같다.

'믿음'과 '기다림'. 어떻게 보면 굉장히 쉬울 수 있는 이러한 과정이 교사에게는 어려운 과정이었으며 학생들에게는 절실하게 필요한 것은 아니었을까?

교보교육재단의 지원으로 시작한 프로젝트 수업은 학생들에게 무엇인가를 할 수 있다는 성취감과 자존감을 경험하게 해 주었으며 이후 진로를 개척하는 모습이나 학업 면에서 더욱더 발전하는 모습을 보였다.

흔히들 이러한 성공담은 공부를 잘하는 학생들에게 필요한 것이라고들 한다. 그리고 그들만을 위한 활동이라고 학생들 또한 생각하고 있다. 하지만 미래 다양한 역량들을 위한 환경 프로젝트 수업은 성적과 입시 때문이 아닌 서로가 배려하여 공존하는 방법을 익히고 자신의 생각을 소통하면서 결과물을 만드는 과정을 배우는 지속 가능한 사회를 위해 필요한 과정이며 학생뿐만 아니라 교사에게도 새로운 경험이 될 수 있을 거라 확신한다.

못다 한 이야기

스스로의 존재 가치를 증명하기

이재영

1992년 제6차 교육 과정에서 환경과가 중등학교에 독립 과목으로 설정되고, 1995년부터 공주대학교, 대구대학교, 한국교원대학교에 환경교육과가 생기고, 1999년부터 교사가 배출, 임용되면서 중고등학교에서 환경을 전공한 교사가 환경 과목을 가르치기 시작했다. 학교에서 환경을 독립 과목으로 가르치는 것은 전 세계에서도 흔치 않은 실험이며, 우리 아이들이 학교에서 환경에 대해 어떻게 배우는 것이 좋은지에 대해서는 여전히 다양한 의견들이 존재한다.

교육의 질은 교사의 질을 넘지 못한다는 교육계의 상식을 적용한다면, 우리나라 중등학교 환경 교육의 질은 그리 좋을 수가 없다. 왜냐하면 환경 과목을 선택하는 학교가 그리 많지도 않지만 선택한 학교들조차 대부분 환경을 전공한 교사가 아닌 과학, 사회, 체육, 교련 등의 과목을 전공한 교사가 가르치고 있기 때문이다. 그나마 최근 6년간은 환경 전공 교사를 한 명도 뽑지 않았고, 기존에 환경을 전공하고 가르치던 교사들조차 다른 과목으로 바꾸면서 학교 현장에서 환경 교사는, 그들 스스로 말하듯 '멸종 위기'를 맞고 있다.

환경수업연구모임의 프로젝트는 이런 상황을 극복하려는 환경 교사들의 자구적인 노력의 일환으로 시작되었다. 2009 개정 교육과정에서 환경과의 정체성을 명확하게 드러내기 위해 프로젝트 접근법이 본격적으로 도입되었고, 환경을 전공한 교사들은 네트워크를 통해 협력하면서 새로운 환경 교육 수업 활동을 전개함으로써 환경 과목의 가치를 증명하는 모델이 되고자 하였다. '우리가 환경 과목의 가치를 증명한다면, 사회는 아이들이 환경에 대해 배울 수 있는 기회를 더 늘리고, 환경을 전공한 교사를 더 많이 뽑을 것'이라는 책임감과 현실 극복 전략이 함께 작용했다고 할 수 있다. 변화의 씨앗이 뿌려질 때는 늘 그렇듯이, 이번에도 몇 명의 환경 교사들이 안타까움과 간절함을 가지고 본인들 앞에 놓인 거대한 장벽을 넘어가려고 담쟁이처럼 손을 잡았다. 그런 교사 간 협력을 통한 기획이 학교 중심의 프로젝트를 수행한 다른 사업들과 차별화된 점이라고 할 수 있다.

프로젝트 기반 수업은 프로그램 중심 수업과는 달리 주제나 문제가 미리 정해진 것도 아니고, 배움의 경로 역시 모둠마다 다르기 때문에, 한 명의 교사가 열 개 가까운 모둠을 동시에 지도한다는 것은 무척 어려운 일이다. 그것도 여러 반을 동시에 지도하기 위해서는 엄청난 노력이 필요하다. 그들은 기꺼이 그런 수고를 떠맡

왔고, 2011년 가을 처음 프로젝트 발표 대회가 열렸을 때의 설렘과 흥분은 지금도 잊을 수가 없다. 대회에 참가한 아이들은 환경을 주제로 얼마나 다양하고 흥미롭고 의미 있는 프로젝트 활동이 전개될 수 있는지를 증명해 보였고, 그런 과정을 통해 배운 아이들의 진로에도 적지 않은 변화가 있었다고 한다. 이번 프로젝트의 진행 과정과 성과를 전해 들은 일본의 환경 교육 전문가들이 일본에서도 프로젝트 수업을 도입하고자 학교를 찾아가 현장을 보고 교사와 학생들의 이야기를 듣기도 하였다.

교육의 가치를 증명하고자 하는 사람은 학습자를 향해야 한다. 그들의 목소리가 어쩌면 가장 확실한 증거가 될 테니까. 학생들이 프로젝트 결과를 발표하는 장면을 보았고, 활동을 끝내고 쓴 소감문도 읽었다. 발표하는 표정에는 배움의 즐거움이 가득 찼고, 문장들 사이에는 자기 자신과 친구들에 대한 애정과 존중감이 흘렀다. 경쟁과 좌절, 불안과 혼돈의 흔적이 없지는 않았지만 프로젝트라는 용광로 안에서 그런 것들은 오히려 쇠를 더 단단하고 빛나게 하는 좋은 불순물이 되었다고 생각한다. '구슬이 서 말이라도 꿰어야 보배'라는 말이 힘을 발휘하는 순간이었다.

하지만 모든 틀 만들기 활동(제도화)에는 양면성이 있다. 사람이 틀을 만들지만, 일단 틀이 만들어지면 사람이 그 틀에 갇히기 쉽다. 학생들에게 프로젝트 수업에 대한 흥미와 참여를 높이고, 환경 프로젝트 활동을 하는 학생들 사이의 상호 학습을 돕기 위해 만들어진 발표 대회는 점점 그 자체가 목적이 되어 버린 측면도 없지 않다. 또한 발표 대회에서 환경부 장관 상을 비롯하여 시상을 하기 때문에 활동의 의미보다 상에 더 집착하는 부작용도 전혀 없다고 말하기는 어렵다.

2014년부터는 국가환경교육센터에서 환경 교사들과 함께 프로젝트 발표 대회를 개최하고 있는데, 이 과정에서 초기의 교육적 의미나 철학이 온전하게 유지될 수 있을 것인가에 대해서도 걱정이 있다. 왜냐하면 제도화에는 무엇은 되고 무엇은 되지 않는가를 결정하고, 무엇은 우수하고 무엇은 열등한지를 가려내며, 누구까지가 우리이고 누구부터는 남인지 경계를 설정하는 배제의 논리가 작동하기 때문이다. 그리고 배제의 논리는 지배자의 논리를 따르기 마련이기 때문이다. 교사들의 자율적이고 자발적인 의지가 제도적 권위와 만났을 때 어떤 굴곡과 좌절을 겪게 될지, 한때 연구 모임의 멘토였던 사람으로서 마음이 무겁다. 환경 과목의 선택이 낮은 것이나 환경 교사가 임용되지 않는 것도 일부는 현재의 국영수 중심 국가 교육 과정이라는 제도화의 그늘에서 만들어진 결과이다. 교육 자치가 어느 정도 실현되었다고 하지만 여전히 중요한 교육 정책 결정의 99%를 국가가 장악하고 있는 현실에서, 잘못된 제도화의 결과로 나타난 문제점을 새로운 제도화의 힘을 빌려 극복하려는 시도가 가질 수 있는 가능성과 한계점을 확인하게 될지도 모르겠다.

다행스러운 것은 환경수업연구모임이나 환경교사모임의 활동이 프로젝트 발표 대회에만 머물지 않고 다양한 방식으로 외연을 넓혀 가고 있다는 점이다. 교사들이 모이면서 그 교사들의 학생들이 모여서 함께 활동을 전개하는 것도 무척 좋아 보인다. 환경적으로 역할 모델이 될 수 있는 인물들을 모아 책으로 내거나 교육청 단위로 특화된 실천 전략을 추진하려는 최근의 시도는 학교 환경 교육의 진화된 일면을 보는 것 같아 옆에서 거들고 싶기도 하고 결과를 유심히 지켜보게 된다. 과거에 비해 한두 사람에 대한 의존도가 줄어든 것 같아서 다행스럽고, 환경 전공 교사뿐만 아니라 다양한 전공을 가지고 환경에 관심이 있는 교사들과의 교류 협력도 커지는 것 같아 기대가 크다. 다만 앞으로 전개되는 프로젝트 활동에서는 청소년들이 '환경적으로 책임 있는 시민'이 되기에 앞서, 환경을 매개로 '자신과 사회에 대해 더 깊이 의심하고 성찰하는 사람'이 될 수 있는 기회가 많이 주어졌으면 좋겠다. 환경 수업의 정체성과 가치 증명은, 제도화되어 가는 프로젝트 발표 대회나 서울대학교에 몇 명 보냈다는 부메랑 같은 말이나 다채로운 이벤트 너머에 있는 보이지 않는 어떤 것, 아마 '생태적 인간'을 향한 멈출 수 없는 창조적 진화의 과정을 통해 만들어질 것이라고 믿기 때문이다.

학교 전체가 함께하는 환경 교육

이선경

우리나라 환경 교육 및 지속 가능 발전 교육의 많은 부분은 열정을 가진 몇몇 교사들이 수행하고 있다. 이런 현실은 환경 교육이나 지속 가능 발전 교육의 수행 사례는 많지만, 학교 내 교육에서 주류화 되지 못하고 있다. 환경 교육이나 지속 가능 발전 교육이 학교 교육 내에서 제대로 자리 잡고 성과를 내려면 학교 전체적으로 수행되어야 한다.

우리나라에서 학교 전체로 이루어지는 환경 교육 및 지속 가능 발전 교육 사업이 몇 가지 있다. 먼저 환경 교육 시범 학교이다. 또 다른 학교 단위의 사례는 학교 숲 시범 학교/모델 학교이다. 유네스코가 지원하는 유네스코 학교ASPnet 사업 또한 학교 단위의 사례이다. 실제로 환경 교육 시범 학교, 학교 숲 시범 학교/모델 학교, 유네스코 학교 등 대부분의 시범 학교 사업들에서는 학교 전체적 접근이 가능하다. 그러나 이들 시범 학교에서 운영된 사례들을 보면 보통 개별 교사 또는 일부 교사들의 개별적 수행으로 그치고 만다. 즉, 한 학교에서 많은 사업들이 수행되지만 각각의 사업들이 연계되지 않기 때문에 학교 전체의 변화를 만드는 것은 쉽지 않다.

2011년 교보교육재단은 같은 학교에 3년 동안 지속적인 지원을 하기로 했다. 학교에서 수행하는 환경 교육의 질적인 발전을 꾀하고, 연속성을 통해 학교가 지역 환경 교육의 중심에 서게 한다는 비전을 가지고 출발했다.

선정된 학교는 환경 교육 연구자 또는 환경 교육 실천가 등 전문가 지원단의 멘토링을 받는다. 이를 통해 환경 교육 내용이 심도 있게 진행될 수 있도록 하며, 이를 통해 개인 교사는 물론 학교 전체가 환경 교육을 위해 노력하는 기회, 즉 학교 전체적 접근을 가능하게 한다. 환경 교육의 학교 전체적 접근whole-school approaches 이란 학교 교육 과정에서 환경 교육을 수행하는 것뿐 아니라 학교의 교수 학습적 접근, 자원 이용, 거버넌스, 지역 사회와의 협력, 학교 관리 등의 영역을 모두 포함한다.

교보교육재단의 학교 환경 교육 사업에는 5개 학교가 참여했는데, 3개 학교의 사업을 중심으로 3년 동안 어떤 형태의 사업이 추진되었는지 학교 전체적 접근의 맥락에서 탐색한다.

학교환경교육지원사업의 과정과 의미

학교환경교육지원사업의 시작과 동기는 다양하게 이루어졌다. 혁신학교로 선정된 삼정중학교는 생태 환경이 중심 교육 과제로 자리 잡았다. 기존에 해 오던 생태 환경 관련 교육을 좀 더 구속력을 가지고 진행하기를 희망했다. 화원중학교는 급식 업무를 책임지는 영양 교사가 친환경 먹을거리에 대한 인식 전환을 꿈꾸었으며, 백원초등학교는 체험 환경 교육의 기회를 증진시키고 좀 더 나은 교육 프로그램을 제공할 수 있기를 바랐다. 교보교육재단의 지원 사업에 대한 기대도 다양하였다.

그러나 대체로 계획과 달리 학교 환경 교육 사업의 진행은 순조롭지 않았다. 특히 첫해의 기록들은 어려움으로 가득 차 있었다. 사업은 하겠다고 했지만, 실제 진행은 예정대로 이루어지기 어렵다. 교사들이 함께 모여 통합 교육 과정을 짜야 하는데 교사들은 일상적인 수업과 행사들로 바쁘다. 함께하기로 한 교사들이 개인적인 사정으로 전혀 참가할 수 없게 되기도 했다. 외부 강사의 도움을 받기도 하지만, 직접 교육을 하지 않고 외부 강사를 이용하는 게 적절한지는 의문이다. 강의를 준비하는 일도 쉽지 않다. 급식을 준비하고, 선생님을 모으고, 자료들을 만들려면 많은 시간이 필요했다. 그러면서 설득하고 준비하는 데 너무 많은 시간과 노력이 든다. 스트레스로 몸이 아프기도 했다.

하지만 교사 혼자서 준비해야 하는 과정은 아니다. 비슷한 고민을 하는 지역 사회단체들도 있고, 교보교육재단에는 전문가 지원단이 있다. 멘토들은 다양한 실천 활동을 학습과 연계해 보라고 조언하기도 한다. 때로는 직접 강의를 하거나, 관련된 정보를 제공해 주기도 했다. 에너지 자급자족을 꿈꾸는 성대골 마을을 소개해 주기도 했다. 교과와 행사 사이에서 고민할 때는 프로젝트 접근법을 통한 환경 교육의 가능성을 제안해 주기도 했다. 일 년에 몇 번씩 학교를 방문해서 문제를 들어 주기도 하고, 옆에 서서 지켜봐 주기도 했다. 너무 많은 일을 욕심내 벌이면, 백화점식 나열은 안 된다고 가지치기를 도와주기도 했다.

외부에 지원단이 존재하더라도 학교에서의 변화는 학교 구성원이 함께할 때 의미를 갖는다. 통합 교과를 함께 고민하는 교사들, 절전소 활동이나 축제 준비에 적극적인 학생들이 없이는 어떤 성취도 없다. 어떤 프로젝트를 교과와 연계할지 함께 고민하는 교사들과 프로젝트 활동을 신나게 하고, 텃밭 가꾸기를 하고 이를 책으로 만들고, 영상 속에서 키득거리고, 이것을 찍고 편집하고, 배를 키워 파는 아이들이 없다면 학교 환경 교육은 불가능하다. 먹을 거리를 교과와 어떻게 연계할지 함께 고민하고, 각 교과의 입장에서 수업 지도안을 만들고 이를 실제로 수행하는 교사들과 요리를 만들어 지역 사회에 배달하는 봉사대 아이들, 함께하는 학부모들이 하나가 될 때 이 사업과 활동은 재미도 있으면서 의미도 뚜렷해진다.

3년 기간은 끝났지만, 아직 고민은 끝나지 않았다. 어떻게 하면 지나치게 많은 노력을 들이지 않으며 이 의미 있는 활동을 이어 갈 수 있을까 고민하고 또 고민한다. 학교 교육 과정과 연계해서, 진로 지도 활동과 연계해서, 동아리 활동과 연계해서, 급식과 연계해서, 학교 축제와 연계해서, 창의적 체험 활동과 연계해서, 학교 관리와 연계해서, 학교 운영과 연계해서, 지역 사회와 연계해서 어떻게 더 나은 교육 프로그램을 아이들과 함께할 수 있을까? 함께한 교사들이 아직 있으니 올해도 시도해 볼 수 있다. 내가 다른 학교로 가면 여기서는 다른 교사들이 하고, 나는 새 학교에서 새롭게 시작해야 가능하지 않을까. 그러면서 함께 만나는 방법을 고민한다.

환경 교육의 학교 전체적 접근의 가능성과 쟁점

환경 교육의 학교 전체적 접근은 학교 교육 과정에서 환경 교육을 수행하는 것뿐 아니라 교수 학습 과정의 질, 학교 관리와 정책, 학교와 외부와의 관계 등 세 가지 범주의 활동을 모두 포함해야 한다. 세 학교에서의 환경 교육 활동은 양질의 교수 학습 과정에 기반하고 있다. 삼정중학교의 에너지 기후 변화 관련 교육은 국어, 영어, 과학, 사회, 기술가정, 음악, 도덕 등 각 교과를 기반으로 통합 교과 형태로 이루어지고 있다. 학생들의 자치에 기반을 둔 삼정 절전소를 운영하여 실행과 참여를 통해 가시적인 에너지 절약 성과를 산출해 내기도 했다. 에너지 기후 변화와 관련된 복잡한 맥락에서 다양한 쟁점을 탐색했다. 이를 통해 학생들이 지구의 미래를 고민하고, 비판적으로 에너지 사용과 소비 실태 등을 성찰하며,

실천을 통해 변화가 가능하다는 것도 이해할 수 있었다.

백원초등학교 역시 다양한 교수 학습법은 기본이다. 먹을거리, 놀이와 연계해 참여하게 했다. 농사직설 프로젝트, 벼 베기 프로젝트 등 다양한 프로젝트를 수행하는 과정에서 저절로 다양한 교과가 연계된다. 실제로 배도 팔고 벼도 수확했다. 이런 활동은 과학적 지식 학습, 말하기 듣기 글쓰기 읽기 학습, 스스로 자신의 일을 주도해 나가고, 협동하고 상호 작용하는 학습으로 이어진다. 진정성이 담긴 과정에 참여하면서 미래의 가치를 만들고, 한 가지 일에 얼마나 복잡한 맥락이 담겨 있는지 저절로 깨달을 수 있었다. 먹을거리를 생산하고 제대로 소비하는 과정을 탐구하고 실행하는 화원중학교의 경우도 마찬가지이다. 이 과정을 통해서 세상이나 쟁점을 보는 비판적 사고가 저절로 얻어질 수 있게 되었다.

지속 가능한 사회를 지향하는 학교 환경 교육에서 놓치지 말아야 할 것이 학교의 정책과 조직, 운영, 관리 등에 관련된 측면이다. 학교에서는 교육 과정을 중심으로 한 교수 학습이 학교 활동의 전체처럼 보이지만, 학생들에게 학교는 사회의 축소판처럼 느껴질 수 있다. 따라서 학교에서 진행되는 여러 일들을 통해 학생들은 민주주의도 배우고 지속 가능한 사회의 지향성도 학습할 수 있다.

그런 점에서 세 학교의 의미는 각별하다. 화원중학교는 급식이 전체 활동의 중심이 된다. 먹을거리 체계를 중심으로 한 학교의 운영이 구성원들의 삶에 변화된 모습을 만들 수 있다. 삼정중학교는 삼정 절전소를 통한 학교 에너지 관리가 기본이 된다. 학생들이 자치적으로 학교 관리에 참여하고, 학생들이 주도적으로 축제를 기획하고 실행한다. 모두가 학교의 정책에 부합하고, 계획에도 반영했다. 활동이 끝나면 반성과 평가를 수행했다. 학교의 모든 일이 이 과정 속에 포함되는 것은 아니지만, 한 가지 작은 변화를 경험한 학생들은 다른 크고 작은 변화를 만들어 낼 수도 있다. 백원초등학교는 이번 학교 환경 교육 사업을 통해 중요한 학교 운영 및 교육 방식을 학습하고 적용할 수 있었다. 학교 전체가 학생들의 실제적인 참여와 자기 주도적 수행을 강조한다. 이 분위기는 중요한 자산이 될 수 있다. 이후에는 먹을거리 생산뿐만 아니라 학교 관리에 관련된 프로젝트도 적용해 보고, 작은 학교이니 학교의 정책을 만들고 계획하는 과정에도 학생들의 관심을 유도한다면 더 큰 의미를 찾을 것이다.

세 학교의 환경 교육 활동은 모두 세상과 연계되어 있다. 화원중학교에서는 먹을거리를 만들어 지역 사회에 배달한다. 먹을거리 봉사 활동으로 지역 사회의 여러 단체들과 깊이 관계를 맺고 있다. 삼정중학교는 지역 사회단체들 없이는 '삼정 한마당'을 제대로 치르기도 어렵다. 지역 사회단체는 공정 무역 관련 부스를 운영하고, 생협에서는 장을 만들어 판매하고, 환경 단체는 기후 변화에 관한 강의를 하고, 비누 만들기 활동을 하는 등 다양한 참여와 기여를 한다. 물론 이 초록 축제를 위해서만 연계하는 것은 아니다. 평소의 생태 환경 동아리 활동, 체험 활동 등에도 삼정중학교와 좋은 파트너십을 가지고 있다. 아직 지역 사회의 문제를 해결하는 데 학생들이 참여하지는 않지만, 올해 시작한 에너지 관련 활동은 가능성을 보여 주고 있다. 백원초등학교 역시 시골 마을에 기반을 두고 있기 때문에 학생들의 활동에 지역 어르신들의 참여와 도움이 필요하다. 이것 역시 잘 이루어지고 있다. 학교의 활동이 지역 사회에 영향을 끼치기 시작했다. 이 모든 활동에 기업과 전문가들이 함께 지원하고 참여하고 있다는 것은 더욱 큰 의미가 있다.

세 학교의 학교 환경 교육 사업은 학생들의 교수 학습의 질만 증진시키는 것이 아니라 학교 정책과 관리, 학교와 외부와의 새로운 관계 정립 등을 통해 학교 전체가 참여하는 사례를 보여 주고 있다. 삼정중학교에서는 이를 '학교 전체 프로젝트'라는 표현을 쓰고 있다. 이후 교보교육재단의 학교환경교육지원사업은 물론 환경부 등 여러 다른 주체들에 의해 지원되는 학교를 기반으로 하는 시범 학교 사업들에서 한 가지 영역에만 분절적인 활동들이 이루어지는 것이 아니라 여러 영역에서 실제적인 연계가 이루어지는, 학교 전체적인 접근이 되도록 활동과 사업이 장려될 필요가 있다.

학습 공동체를 지향하며

세 학교의 환경 교육 사업이 학교 전체적 접근을 통해 의미 있는 성과를 도출하였다면, 이를 어떻게 지속할 것인가가 큰 고민거리이다. 활동을 지속했던 교사가 떠나면, 활동을 적극적으로 지원했던 재단의 지원이 끊기면, 뒤에서 묵묵히 지원해 주셨던 교장 선생님이 떠나면, 적극적으로 참여했던 학생들이 졸업하면 이들 활동은 어떻게 될까? 이 활동들의 성과를 체계적으로 정리하여 기록으로 남기는 일도 중요하다. 또 이 성과를 학교 구성원들과 공유하고 이를 계속해서 수행해 나갈 수 있도록 후배들에게 전수하고, 시스템을 만드는 과정도 중요할 수 있다. 그러면 중요한 주체들이 떠나도 그 흔적은 남을 수 있다. 또 떠나는 사람들은 다른 자리에서 이러한 일들을 다시 시작할 수 있을 것이다.

　지속 가능한 사회를 만들어 나가는 과정에서 개인의 학습보다는 집단의 학습을 강조한다. 학습 공동체는 종종 중요한 변화를 이끌어 내는 중심이 될 수 있다. 수업을 개선하고자 하는 교사들의 학습 공동체 활동도, 환경 교육 사업을 함께하는 교사들의 모임도, 이를 내용적으로 지원하는 멘토 그룹에 속해 있는 전문가와 실천가들도, 재정적으로 이 사업을 지원하는 기업도 3년의 과정을 통해 많은 부분을 학습하였다. 교사들은 학교의 환경 교육을 하면서 교육 과정 속에 환경 교육의 내용과 형식을 포함하는 것이 성공의 핵심임을 배우기도 했다. 학생들의 자치가 핵심일 수 있다는 것도, 먹을거리가 모든 것을 연결하는 중요한 주제가 된다는 것을, 함께하는 교사들이 있어야 변화가 시작된다는 것도 학습하였다. 통합 교과에서 시작하든, 생태 놀이에서 시작하든, 급식에서 시작하든 그것이 학교 전체의 노력, 학교 전체적 접근을 통해서 변화가 가속화될 수 있다는 것도 알 수 있었다.

멘토 그룹에 속한 전문가들은 자신이 담당하고 있는 학교의 사례를 같은 방향에서 바라보면서 함께 고민하고, 격려하고, 아이디어와 정보를 찾으면서 배운 바가 많다. 일이 진행되는 과정, 변화가 일어나는 시점, 학생이 웃기 시작하는, 학교를 좋아하기 시작하는 시점을 볼 수 있었다. 재단은 학교 환경 교육 사업이 종료된다고 해서 그간의 변화가 의미 없어지는 것이 아니고 선생님들이 학교를 떠난다고 해서 그 사업이 무로 돌아가는 것이 아님을 알게 되었다. 선생님들이 만들어 낸 변화는 계속될 수 있고, 그 변화는 새로운 곳에서 다시 시작된다는 것을 알았다. 함께 배우고 함께 실행하는 학습 공동체와 실행 공동체가 어떤 형태로든 이어지기를 기대한다. 그래서 지속 가능한 사회와 미래를 위해 조금씩 조금씩 가까이 가기를 기대한다.

생태적으로 지속 가능한 사회를 위하여

송현석

    교보교육재단이 학교 환경 교육 프로그램을 진행한 지 4년의 시간이 흘렀습니다. 2011년 학교환경교육지원사업을 통해서 처음 지원받은 학교 이야기를 책으로 엮게 되어 뜻깊게 생각합니다. 그리고 3년간 교육 프로그램을 헌신으로 운영해 주신 선생님과 아낌없는 도움을 주신 책임 멘토들 덕택에 학교 환경 교육의 좋은 모델이 나올 수 있었던 것 같습니다. 진심으로 감사의 말씀을 드립니다.

    교보교육재단은 1997년 설립된 이래 지금까지 환경 문제 해결을 위해 다양한 환경 사업을 지원해 왔습니다. 우리 재단에서 생각하는 환경 문제의 근본적 해결 방안은 사람들에게 생명 존중 사상, 사람과 자연이 더불어 사는 삶의 가치를 인식시키는 것입니다. 이를 위해 무엇보다 '환경 교육'이 중요하다 판단하여, 환경 교육 프로그램을 집중적으로 지원해 왔습니다.

    환경 교육의 궁극적인 지향점은 생태적으로 지속 가능한 사회를 만드는 것입니다. 생태적으로 지속 가능한 사회란 생명 공동체 사회를 말합니다. '지구적으로 생각하고, 지역적으로 행동하라'는 말처럼 내가 살고 있는 지역에서부터 실천을 하는 것입니다. 그 시작의 중심은 바로 '마을'입니다.

재단이 '학교'에 중심을 둔 학교환경교육지원사업을 시작하게 된 계기도 여기에 있습니다. 마을의 중심은 다름 아닌 '학교'이기 때문입니다. 학교는 단순히 학생들을 가르치는 공간이 아니라 학생과 선생님 그리고 학부모, 지역 사회가 연결된 공간입니다. 또한, 교육 전문가인 선생님들이 상주하는 곳이기에 체계적이며 통합적인 교육을 진행할 수 있는 최적의 여건을 갖추고 있습니다. 학교에서 환경 교육이 잘 이루어진다면 생태 공동체의 중심으로서 학교가 자리매김할 수 있다고 생각합니다.

학교를 생태적 공동체의 중심축으로 만들기 위해서는 기존의 단편적이고, 일회적인 환경 교육은 지양되어야 합니다. 대신 교육을 통해서 학생들 스스로가 창의적인 생각을 발현하고, 자발적으로 실천할 수 있는 프로그램을 개발하는 것이 필요합니다. 무엇보다도 학교 구성원 스스로에게 새로운 가능성을 심어 주는 것이 필요하다고 생각합니다.

이를 위해서 재단의 학교환경교육지원사업은 재정 지원뿐만 아니라 책임 멘토 시스템을 도입하였습니다. 각 학교별로 정해진 책임 멘토에게서 상시적으로 도움을 받을 수 있도록 하였습니다. 그리고 학교 안에서 다양한 교육이 실험될 수 있도록 선정된 과제에 대해서 3년 동안 장기적으로 지원하였습니다.

재단의 지원을 받은 학교로서 반드시 지켜 주었으면 하는 가치가 있습니다. 첫째는 선생님들이 즐거워야 한다는 것입니다. 가르치는 선생님이 즐거워야 배우는 아이들 역시 행복할 것이고, 그 안에서 자유롭게 꿈꿀 수 있을 것입니다. 둘째는 교과 수업과 연계가 되어야 한다는 것입니다. 특정 과목뿐 아니라 여러 교과들과 연계된 통합적 환경 교육 프로그램은 교육의 지속 가능성을 높여 줍니다. 마지막으로 지역 사회와 연계해야 한다는 것입니다. 지역 사회와의 연계는 환경 교육이 먼 곳이 아닌 우리 마을의 이야기라는 것을 알게 합니다. 삶에 뿌리내린 환경 교육을 통해 아이들은 마을 속에서 자연스럽게 생태적 가치에 대해 이야기할 수 있습니다. 지역 사회와의 연결 고리는 재단의 지원이 종료된 후에도 이어져 지역 공동체를 만드는 토대가 될 것입니다.

지난 4년간 학교환경교육지원사업을 하면서 때로는 안타까움도 있었습니다. 학교에서 환경 교육 프로그램을 운영하던 선생님의 전근으로 사업이 중단되기도 했습니다. 또한 학교 구성원의 참여 부족으로 프로그램이 진행되지 못하기도 하였고, 지역 사회와 연계를 고민하다 프로그램이 추진되지 못하기도 하였습니다. 재단 역시 충분한 지원을 하지 못했던 부분도 있습니다. 하지만 지난 4년간 학교 환경 교육을 운영하면서 분명히 느낀 것은 '생명을 살리는 교육'이 세상을 바꿀 수 있다는 점입니다.

최근 사회 곳곳에서 따돌림과 학교 폭력, 인권 침해 등 공교육의 문제점을 극복하려는 새로운 시도들이 일어나고 있습니다. 평화 교육, 대안 교육, 민주 시민 교육 등 다양한 교육들이 이뤄지고 있습니다. 그리고 이러한 교육이 나름의 성과를 내고 있다고 생각합니다. 하지만 평화, 공동체, 대안 교육이 제대로 이뤄지기 위해서는 무엇보다도 생명 교육이 우선되어야 한다고 생각합니다. '풀 한 포기의 무게가 인간 생명의 무게와 다르지 않다'는 것을 배울 때, 아이들은 생명의 존엄을 알게 될 것입니다. 생명의 소중함을 배우고 느낀 학생들은 자연스레 배려를 배우고 더불어 살아가는 방법을 배우게 될 것입니다. 여기에 실린 학교들의 작은 실험과 노력이 성공을 거둘 수 있었던 이유도 '생명을 살리는 교육'이 기본적인 토대가 되었기 때문입니다.

지난 3년간의 노력이 이렇게 책으로 나오게 되니 보람과 함께 책임감을 느끼게 됩니다. 부족한 부분이 있지 않았는지 되돌아보게 됩니다. 앞으로 학교가 좀 더 즐겁고 신나게 프로그램을 운영할 수 있도록 지원 방식을 가다듬고, 책임 멘토 제도도 보완하겠습니다. 학교 환경 교육의 바람직한 모델을 다양하게 만들어 낼 수 있도록 노력하겠습니다. 학교 환경 교육 프로그램을 준비했던 처음의 마음을 잊지 않고 더욱더 노력해야겠습니다.

2014년 우리 재단은 사명社名을 교보교육재단으로 변경하고 '타인을 배려하고 나눔과 생명을 소중히 여기는 바른 인성을 갖춘 인재 양성'을 새로운 핵심 목적으로 정하였습니다. 교육의 본질을 회복하는 사업을 중점적으로 추진하여 '교육 전문 재단'으로 새롭게 거듭나고자 합니다. 이를 위해서 재단은 장학 사업, 리더십 교육, 인성 교육, 생명 교육, 교보교육대상 시상 사업을 주요한 사업 영역으로 삼았습니다.

교보교육재단은 다양한 공익 사업을 통해서 사람과 사람, 사람과 자연이 더불어 사는 사회를 만드는 데 기여하기 위해 노력하겠습니다. 앞으로도 지속적인 관심과 성원을 부탁드리며, 교보교육재단과 함께 더 밝은 미래를 열어 가는 데 힘이 되어 주시길 바랍니다.